《中华人民共和国未成年人保护法》知识

王顺安 ◎ 著

海豚出版社
DOLPHIN BOOKS
CICG 中国国际传播集团

图书在版编目（CIP）数据

《中华人民共和国未成年人保护法》知识 / 王顺安
著 . -- 北京 : 海豚出版社 , 2022.8
ISBN 978-7-5110-6036-5

Ⅰ . ①中… Ⅱ . ①王… Ⅲ . ①未成年人保护法 — 中国
Ⅳ . ① D922.7

中国版本图书馆 CIP 数据核字（2022）第 119140 号

《中华人民共和国未成年人保护法》知识
王顺安　著

出 版 人	王　磊	
责任编辑	张　镛	
封面设计	何洁薇	
责任印制	于浩杰　蔡　丽	
法律顾问	中咨律师事务所　殷斌律师	
出　　版	海豚出版社	
地　　址	北京市西城区百万庄大街 24 号	
邮　　编	100037	
电　　话	010-68325006（销售）　010-68996147（总编室）	
印　　刷	北京市兆成印刷有限责任公司	
经　　销	新华书店及网络书店	
开　　本	710mm×1000mm　1/16	
印　　张	14	
字　　数	110 千字	
印　　数	5000	
版　　次	2022 年 8 月第 1 版　2022 年 8 月第 1 次印刷	
标准书号	ISBN 978-7-5110-6036-5	
定　　价	49.80 元	

1991 年 9 月 4 日，《中华人民共和国未成年人保护法》（以下简称《未成年人保护法》）在第七届全国人民代表大会常务委员会第二十一次会议上获得通过，并于 1992 年 1 月 1 日起开始施行。

由此，我们国家有了第一部专门为保护未成年人而设立的法律。

2020 年 10 月 17 日，第十三届全国人民代表大会常务委员会第二十二次会议对《未成年人保护法》进行了第二次修订。

新修订的《未成年人保护法》自 2021 年 6 月 1 日起正式施行。这是到目前为止，最新、最全面的一部保护未成年人的法律。

《中华人民共和国民法典》（以下简称《民法典》）

规定：不满十八周岁的自然人为未成年人。

　　未成年人是我们国家未来的支柱，民族未来的希望，未成年人能否身心健康地成长是关乎国家、民族的大事。而未成年人又是一个特殊的群体。绝大多数的未成年人都处于在学校接受教育的阶段，没有独立的生活来源，身体和心理发育不成熟，他们涉世未深，自我保护能力不强，容易受到各种侵害或者走入歧途，需要更多的保护和关爱。比如，有的进入青春期的未成年人，对于发展自我独立性有强烈要求，表现出"叛逆"行为；有的留守儿童有性格孤僻的表现；有的青少年因为家庭不和睦或者学习压力太大等产生情绪障碍等，如果不及时疏导，有可能会造成心理问题。

　　值得注意的是，在全社会都在保护未成年人的同时，侵害未成年人的情况时有发生。侵害未成年人的，可能并不是我们想象的"坏人"，父母、老师、同学、网络等都有可能对未成年人造成侵害。比如，父母家暴孩子、老师体罚侮辱学生、同学欺凌、网络色情信息等，都是侵犯未成年人合法权益的行为或表现。

因此，最新修订的《中华人民共和国未成年人保护法》着力于防止未成年人遭受侵害，针对过去法律的实施经验和许多新形势下出现的侵害未成年人的现象，新增了许多未成年人保护的条款，将保护更细致全面地深入到未成年人生活的方方面面。

本书以最新修订的《中华人民共和国未成年人保护法》为依据，从家庭保护、学校保护、社会保护、网络保护、政府保护、司法保护六个方面分别解读了该法律中的重要条款，目的是让广大的未成年人从中获得一定的法律知识和维权意识。

如果阅读本书的未成年人能够因此建立起自我保护意识，避免受到侵害，并勇敢维护自己的权益，那便是编者最大的荣幸了。

目录
CONTENTS

第一章
什么是未成年人保护法

快 乐 成 长

本章简介

习近平总书记曾指出：全社会都要关心少年儿童成长，支持少年儿童工作。对损害少年儿童权益、破坏少年儿童身心健康的言行，要坚决防止和依法打击。

未成年人是祖国的未来、民族的希望，社会为他们营造健康的成长环境，最重要的一条就是建立、健全司法环境，完善落实《未成年人保护法》。《未成年人保护法》于1991年正式通过施行，此后的30年里，顺应社会的发展逐步完善，到2021年施行再一次修订的新法，不仅是我国立法工作顺应时代发展与时俱进的成果，更是新时代我国未成年人工作的重大突破。青少年学习《未成年人保护法》，要了解自身的权益，学会用法律的武器保护自身权益，让《未成年人保护法》真真切切成为未成年人的"保护神"。

第一节　未成年人与未成年人的权利

关于什么是未成年人以及未成年人的权利问题，我们可以参照《民法典》的如下规定：

"不满十八周岁的自然人为未成年人。"

"自然人享有生命权、身体权、健康权、姓名权、肖像权、名誉权、荣誉权、隐私权、婚姻自主权等权利。"

知识小课堂

在法律上，对未成年人的定义十分严谨。

在我们国家，周岁的计算标准，是以生日的第二天来计算的，生日当天不算。也就是说，一个人在自己的十八岁生日当天还不是我国法律意义上的成年人，他的一切行为还只能用未成年人的法律予以约束，只有当他度过了十八岁生日的 24 点，才是法律意义上的成年人。

那么，未成年人与成年人相比，法律上的区别是什么呢？

两者最大的区别就是法律上定义的行为能力——民事行为能力。

所谓民事行为能力，就是指民事主体以自己独立的行为去取得民事权利、承担民事义务的能力。

自然人的行为能力分三种：完全行为能力、限制行为能力、无行为能力。

▲ 法律保护着我们

按照《民法典》的规定，成年人是完全民事行为能力人。年满十六周岁的公民，若以自己的劳动收入作为主要生活来源的，也视为完全民事行为能力人。

八周岁以上的未成年人为限制民事行为能力人。

不满八周岁的未成年人为无民事行为能力人。

所以，绝大部分的未成年人都不是完全行为能力人，也就是不能以自己独立的行动去取得民事权利、承担民事义务。未成年人要想享有民事权利、承担民事义务，只能通过他人代理。

那么，未成年人都有哪些民事权利呢？

未成年人的合法权利包括生命权、健康权、姓名权、肖像权、名誉权、荣誉权、隐私权等。

生命权和健康权可以说是其他权利的基础。未成年人的生命安全、身体健康受到法律的保护，任何组织和个人都不得侵害。

未成年人的姓名权禁止他人盗用、假冒；肖像权禁止他人非法损毁、侮辱、玷污。

未成年人的名誉权、荣誉权和隐私权同样受到法律保护，禁止用侮辱、诽谤的方式损害未成年人的名誉，禁止非法剥夺未成年人的荣誉称号，任何组织和个人不得披露未成年人的隐私。

以上这些都是未成年人拥有的权利，如果相关权利受到侵害，就可以向有关机关控告，诉诸法律。但是，未成年人是无民事行为能力人或限制民事行为能力人，如果要进行法律诉讼，就需要通过法定代理人。

**想一想
说一说**

你属于具有哪种行为能力的人？

你知道自己拥有哪些法律规定的合法权利吗？

第二节	**未成年人保护法的立法宗旨**

　　我们在上一节提到了未成年人拥有的权利，这些权利叫作民事权利，是一个人从出生到死亡一直拥有的，而且人人平等。未成年人也平等享有这些民事权利。

　　那么，谁来保护我们拥有的这些权利呢？

知识小课堂

　　未成年人是国家的未来、民族的希望。未成年人的身心发育都不成熟，无论是体力、精力还是社会经验等都不如成年人，因此其合法权益很容易受到伤害和侵犯，或者受到蛊惑和不良引导而走上歧途。

　　生活中这样的事例屡见不鲜。

　　婴儿被遗弃，未成年人遭受家庭暴力、遭受同学的欺凌，被性侵犯、被性骚扰、被逼迫做童工，上网浏览网页弹出黄色广告等，这些都是侵害未成年人身心健康的行为或现象。

一些未成年人因为家庭不和谐，缺少父母监管，受到社会上的坏人蛊惑、威胁等，开始出现一些不良行为：厌学、沉迷网络游戏、欺凌同学、辍学打工等。在最美好的年纪，错失树立正确人生观、价值观的机会，甚至可能会违法犯罪，害人害己，留下无法弥补的遗憾。

所以，为了避免未成年人成为受害者或加害者，必须要保障未成年人的合法权益。

正是出于这样的目的，我们国家实施了新修订的《中华人民共和国未成年人保护法》。

《未成年人保护法》第一章第一条便规定："为了保护未成年人身心健康，保障未成年人合法权益，促进未成年人德智体美劳全面发展，培养有理想、有道德、有文化、有纪律的社会主义建设者和接班人，培养担当民族复兴大任的时代新人，根据宪法，制定本法。"这是《未成年人保护法》制定的宗旨，也是最终目的。

《未成年人保护法》还规定："未成年人依法平等地享有各项权利，不因本人及其父母或者其他监护人的民族、种族、性别、户籍、职业、宗教信仰、教育程度、家庭状况、身心健康状况等受到歧视。"

▲ 温馨和睦的家庭

　　这就明确地规定了所有的未成年人在法律面前都是一律平等的，没有高低贵贱之分。

　　同时，保障未成年人的健康成长，不是某一个人或某一个家庭的责任，而是整个社会的责任。

　　《未成年人保护法》第六条规定："保护未成年人，是国家机关、武装力量、政党、人民团体、企业事业单位、社会组织、城乡基层群众性自治组织、未成年人的监护人以及其他成年人的共同责任。"

相信有这么多团体、机关共同的力量，对未成年人的保护一定会越来越全面，未成年人的生活环境会越来越美好。

想一想
说一说

你或者你周围的朋友、同学有没有发生过权利受到侵害的情况？

你们知道《未成年人保护法》是做什么的吗？

第三节　《未成年人保护法》修订历史

对法律全面的修改订正，叫作"修订"；对法律部分条款的修改，称为"修正"。

我们国家的许多法律都经过多次的修订或修正，《未成年人保护法》也不例外，自 1991 年制定起至 2021 年经历了两次修订、一次修正。

知识小课堂

我们先来看《未成年人保护法》的修订历史：

1991 年 9 月 4 日，第七届全国人民代表大会常务委员会第二十一次会议通过了《中华人民共和国未成年人保护法》。

2006 年 12 月 29 日，第十届全国人民代表大会常务委员会第二十五次会议对《中华人民共和国未成年人保护法》进行了第一次修订。

2012 年 10 月 26 日，第十一届全国人民代表大会常务委员会第二十九次会议作出《关于修改〈中华人民共和国未成年人保护法〉的决定》，修正该法。

2020 年 10 月 17 日，第十三届全国人民代表大会常务委员会第二十二次会议对该法进行了第二次修订。

最新修订的《未成年人保护法》自 2021 年 6 月 1 日起正式施行。

那么《未成年人保护法》为什么要进行修订或修正呢？

这是为了适应新的社会形势，更加全面地对未成年人进行保护。

以最新修订的《未成年人保护法》来说，距离上一次大规模的修订已经过去了十几年。这十几年中，我们国家的经济社会有了巨大的发展和变化，未成年人的保护工作也面临着许多新问题和新情况，这都是原有的法律不曾涉及或者不曾深入涉及的。

比如，父母监护不当，学生欺凌，未成年人遭遇性侵害、沉迷网络等问题。

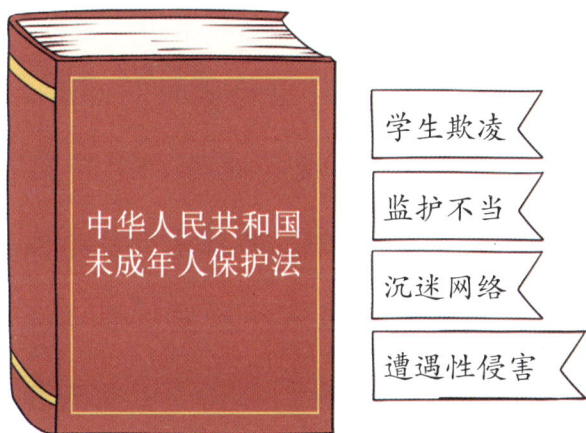

学生欺凌

监护不当

沉迷网络

遭遇性侵害

▲ 未成年人保护法

最新修订的《未成年人保护法》有什么亮点？

未成年人因为其身心发展的特点，可以说是社会的弱势群体，容易遭受侵害，难以维权。因此，新修订的《未成年人保护法》，着力解决涉及未成年受侵害的问题，条文也从 72 条增加到 132 条，处处体现着对未成年人的保护和关爱。

比如，明确了监护人对未成年人的看护责任和具体要求；明确了网络服务提供者预防未成年人沉迷网络的有关义务；明确了学校、幼儿园建立预防性侵害、性骚扰未成年人的工作制度；明确了在未成年人的监护人不能履行监护职责时，由政府承担监护职责等。

新修订的《未成年人保护法》的亮点之一是新增了"充分听取孩子的意见""尊重孩子真实意愿"的内容，在多项规定中都有明确体现。比如，第一百零七条规定："人民法院审理离婚案件，涉及未成年子女抚养问题的，应当尊重已满八周岁未成年子女的真实意愿，根据双方具体情况，按照最有利于未成年子女的原则依法处理。"而且还规定了未成年人更多的合法权益，保障未成年人获得更多的休息、娱乐、锻炼。比如，学校不得占用国家法定节假日、休息日及寒暑假期，组织义务教育阶段的未成年学生集体补课；任何组织和个人不得以年龄以外的其他理由，限制未成年人按照有关规定应当享有的免费或者优惠照顾等。

新修订的《未成年人保护法》最大的亮点就是搭建了未来一个时期未成年人保护工作的"四梁八柱"。

所谓四梁，是指未成年人保护体系的顶层设计，核心内容是从宏观上明确了由谁负责以及如何做好未成年人保护工作。"四梁"之一就是要明确未成年人保护工作的领导机构，加强对未成年人保护工作的日常管理及其统筹协调。新修订的《未成年人保护法》规定县级以上人民政府应当建立未成年人保护工作协调机制，县级以上人民政府的民政部门具体负责未成年人保护的日常事务性工作。同时，检察院对涉及未成年人的诉讼活动等依法进行监督，在促进未成年人司法保护现代化中发挥主导作用。这就是助推《未成年人保护法》贯彻落实的"双引擎"。"四梁"之二是要求教育、医疗、民政和司法等部门在未成年人保护工作中分工负责，密切配合和形成合力。"四梁"之三就是明确与细化最有利于未成年人的理念与原则，要求各方应当采取最有利于促进和实现未成年人利益的措施，全面推进与落实联合国《儿童权利公约》规定的未成年人保护最大利益原则

（best interests of the child）。"四梁"之四就是要提高未成年人保护工作的科学性，即建立未成年人状况统计调查分析制度，摸清现实情况，查找疑难问题，建立相关学科，加强人才培养，使决策科学化。

所谓八柱，是指未成年人保护体系的基础性制度得以全面建构并获得法律保障，具体内容有八项：一是未成年人监护制度，二是未成年人人身安全保障制度，三是未成年人受教育权保障制度，四是未成年人友好型社会环境建设制度，五是未成年人网络权益保障制度，六是未成年人福利制度，七是全面综合的未成年人司法保护制度，八是未成年人权利保护报告制度。

此外，新修订的《未成年人保护法》还发挥着引领搭建和完善中国未成年人法律体系的重要作用，为立法部门修订《中华人民共和国预防未成年人犯罪法》和研究制定"家庭教育法""校园安全法""未成年人网络保护法""儿童福利法""少年司法法""未成年人矫正法"等奠定了基础。

总而言之，新修订的《未成年人保护法》是关注当下社会的痛点、顺应新的时代特征的一部顺势而生的法律。

《未成年人保护法》的每次修订或修正，都是为了更好、更全面地保障未成年人的合法权益，核心和目的都是保护未成年人，为未成年人保护工作提供更加坚实的法律依据和保障。

想一想
说一说

你对《未成年人保护法》新增加的条款怎么看？

第二章

家庭对未成年人的保护责任

本章简介

　　良好的家庭教育和家庭监护是未成年人健康成长的关键。未成年人的父母或者其他监护人应当学习家庭教育知识，接受家庭教育指导，创造良好、和睦、文明的家庭环境。共同生活的其他成年家庭成员应当协助未成年人的父母或者其他监护人抚养、教育和保护未成年人。针对家庭教育尤其是家庭监护中，监护人监护不力，甚至存在监护侵害现象的严重问题，新修订的《未成年人保护法》强化了父母或者其他监护人的第一责任；确立国家亲权责任，明确在未成年人的监护人不能履行监护职责时，由国家承担监护职责；增设了发现未成年人权益受侵害后的强制报告制度。同时，还明确规定只有具备正当理由时方可委托照护，不得怠于或者拒不履行监护职责；父母离婚时和离婚后应当妥善处理抚养和探望等事宜，防止侵害未成年人的合法权益。

　　此外，新修订的《未成年人保护法》还细化了家庭保护职责，具体列举了监护人应履行的监护职责、不得实施的行为和抚养注意事项；突出家庭教育；增加监护人的报告义务；针对农村留守儿童等群体的监护缺失问题，完善了委托照护制度。

第一节　监护人及监护人的职责

　　监护人，指的是对没有民事行为能力的人和限制民事行为能力人的人身、财产和其他一切合法权益负有监护职责的人。

　　监护人，可以简单理解为监督和保护他人的人。

知识小课堂

　　监护人监督和保护的是什么人呢？

　　监护的是没有民事行为能力的人和限制民事行为能力的人。一般来说，像有精神障碍的人、智力障碍者都应该有监护人。

　　为什么未成年人也需要监护人呢？

　　我们知道，未成年人不属于完全民事行为能力的人，不能独立实施民事法律行为，也没有自己的收入来源，无法独立维持正常的生活，因此需要监护人来教养、监护。未成年人满十六周岁，以自己的劳动收入为主要生活来源的，法律认定为完全民事行为能力人之后，就可以不需要监护人了。

什么样的人可以担任未成年人的监护人？

有的人可能马上就会回答：爸爸、妈妈。

没错，父母是孩子法定的监护人。

根据《民法典》第二十七条规定："父母是未成年子女的监护人。"

而且，父母是未成年人第一顺序的监护人，除非死亡、丧失监护能力或者被剥夺监护资格。

绝大多数的孩子都有父母，而且父母有能力监护孩子。可是，如果是没有父母或者父母没有能力做监护人呢？

《民法典》也作了规定：

"未成年人的父母已经死亡或者没有监护能力的，由下列有监护能力的人按顺序担任监护人：

（一）祖父母、外祖父母；

（二）兄、姐；

（三）其他愿意担任监护人的个人或者组织，但是须经未成年人住所地的居民委员会、村民委员会或者民政部门同意。"

也就是说，如果父母死亡或者不具有监护能力，那么可以按照祖父祖母、外祖父外祖母、哥哥、姐姐或者其他经过民政部门同意的个人或组织的顺序来选择未成年人的监护人。

举例说明，如果一个10岁的孩子，他的父母意外去世，失去了第一顺序监护人，那么按照法律规定，他的祖父祖母会成为他的监护人。如果他没有祖父祖母，那么外祖父外祖母会成为他的监护人，以此类推。

还有一种情况，就是未成年人有父母，但是父母却无法做监护人。

这种情况，包括父母是无民事行为能力的人或者限制民事行为能力的人，比如患有精神障碍等。这时候也需要以上符合要求的人按顺序来担任未成年人的监护人。

父母无法做监护人与父母是否有财产没关系，并不是说父母养不起孩子，就不是监护人了。

监护人有什么责任和义务？

未成年人的监护人的主要责任是：监督和保护未成年人的人身、财产和其他合法民事权益。

合法的民事权益包括未成年人的生命权、健康权、姓名权、肖像权、著作权等。父母有责任对孩子的合法权益进行维护。举例说明，一个未成年人的姓名和照片未经过监护人的同意，被用在了某个广告宣传中，那就是侵犯了他的姓名权和肖像权。这时候，父母就需要维护孩子的合法权益，以监护人的身份向侵犯孩子权益的人进行问询，或者诉诸法律途径。

除此之外，监护人还要照顾未成年人的生活，对未成年人进行管理和教育，妥善管理未成年人的财产等。

监护人如果没尽到监护责任，怎么办？

父母是孩子的第一顺序监护人，父母爱护孩子既是天性，也是必须履行的法律责任，但是有一些父母却未尽到父母的责任，甚至做出一些侵害未成年人权益的事情。那么，面对这样的父母，未成年人应该怎么办？只能忍受吗？

并不是。这时候，法律可以成为未成年人保护自己的武器。

按照最高人民法院、最高人民检察院、公安部、民政部 2014 年 12 月 18 日公布的《关于依法处理监护人侵害未成年人权益行为若干问题的意见》（2015 年 1 月

1 日起施行）的规定："被申请人有下列情形之一的，人民法院可以判决撤销其监护人资格：

（一）性侵害、出卖、遗弃、虐待、暴力伤害未成年人，严重损害未成年人身心健康的；

（二）将未成年人置于无人监管和照看的状态，导致未成年人面临死亡或者严重伤害危险，经教育不改的；

（三）拒不履行监护职责长达六个月以上，导致未成年人流离失所或者生活无着的；

（四）有吸毒、赌博、长期酗酒等恶习无法正确履行监护职责或者因服刑等原因无法履行监护职责，且拒绝将监护职责部分或者全部委托给他人，致使未成年人处于困境或者危险状态的；

（五）胁迫、诱骗、利用未成年人乞讨，经公安机关和未成年人救助保护机构等部门三次以上批评教育拒不改正，严重影响未成年人正常生活和学习的；

（六）教唆、利用未成年人实施违法犯罪行为，情节恶劣的；

（七）有其他严重侵害未成年人合法权益行为的。"

未成年人的监护人对于未成年人负有监督和保护的

义务，这是法律规定的监护人的责任。就父母来说，既是孩子的亲人，又是监护人，既要给予孩子心灵上的呵护，又要保证其人身和财产的安全，这是做父母不容推卸的责任和义务。愿每个未成年人都能获得父母的关爱和保护，在父母这把保护伞下健康成长。

**想一想
说一说**

你的监护人是谁？

你的监护人的行为合格吗？

第二节　对家庭暴力说"不"

　　有的孩子在家里经常被父母打屁股、谩骂、关禁闭……很多人可能都听过或见过父母这样管教孩子，这种方式有什么问题吗？如果未成年人遭受了这种管教，是应该默默接受，还是应该思考这是否侵犯了自己的权益？下面我们就来了解一下吧。

知识小课堂

　　家庭暴力是指发生在家庭关系中的暴力行为。

　　家庭暴力包括身体暴力、情感暴力、性暴力和经济控制。

　　在一个家庭中，丈夫殴打妻子，属于家庭暴力；妻子经常谩骂丈夫，属于家庭暴力；对家中老人长期的忽视和漠视，属于家庭暴力；父母对子女进行殴打、捆绑或者谩骂、恐吓，对孩子的身体、精神造成侵害，也属于家庭暴力。

为什么父母会"家暴"孩子？

其中一个原因是我们的传统文化中有一些不健康的家庭观念。在延续几千年的封建制度中，孩子是没有"人权"的，在父母面前只能"唯命是从"。在一些父母的观念中，"棍棒底下出孝子""打是亲，骂是爱""三天不打，上房揭瓦"等错误的教育观念十分牢固。

所以，很多父母就觉得"教训"孩子是天经地义，没什么问题，根本意识不到这是"家庭暴力"。而未成年人，一方面因为需要依附于成年人，没有独立自主的能力；另一方面，他们也没有维护自己权利的概念。所以，父母对子女的"家暴"就成为一个屡见不鲜的现象。

很多父母或者监护人会打骂孩子，他们的出发点往往是"为了孩子好"：想让孩子学习成绩更好，想要孩子下次不再犯错等。殊不知，他们采取的这种方式是不可取的。

那么，孩子犯了错，父母也不能管教吗？

当然需要管教。但是，这里我们需要区分管教和"家暴"。

首先，家暴是侵犯基本人权的。

人权，指的是所有人与生俱来的权利，包括生命权、自由权、尊严权等，而且人人都有权享受这些权利。

▲ 拒绝家庭暴力

人权是人人拥有的，不论贫富贵贱，不论身份地位，也不论是父母还是子女。

因此，家庭暴力，首先是父母侵犯了子女的基本的人权。

其次，区分管教和家暴。

因为生活经验或法律意识的缺失，未成年人在学校或者生活中的行为举止可能会有许多不妥当的地方，比如，不看车辆和行人就横穿马路，划伤他人的车辆，在学校欺负其他同学，看到自己喜欢的东西就悄悄据为己有等。这些行为有可能伤害到自己或者侵犯他人的权益，因此家长必须进行管教。《未成年人保护法》规定："未成年人的父母或者其他监护人应当履行预防和制止未成年人的不良行为和违法犯罪行为，并进行合理管教的监护职责。"但是，要注意合理管教。家暴就是一种不合理的管教方式，会对被施暴的人造成身体或者精神上的伤害。这是重要的区别。管教过度就有可能造成家暴。

最后，如果遭受到家暴，怎么办？

《未成年人保护法》第十七条明确规定："未成年人的父母或者其他监护人不得实施下列行为：（一）虐待、遗弃、非法送养未成年人或者对未成年人实施家庭暴力。"

也就是说，父母或其他监护人对未成年人实施家庭暴力是违法的行为。

《中华人民共和国反家庭暴力法》规定："加害人实施家庭暴力，构成违反治安管理行为的，依法给予治安管理处罚；构成犯罪的，依法追究刑事责任。"

　　所以，如果未成年人遭受了家庭暴力，不能认为这是理所当然的，要知道如何保护自己。未成年人的合法权益不仅受到家庭保护，还受到学校、社会、司法机关的保护。因此，未成年人遭受到家庭暴力，要向公安、民政、教育等部门报告，即便是父母或其他监护人侵害了你的权利，也一样会受到法律的制裁。

想一想 说一说

你的家庭中存在家庭暴力的现象吗？

家庭暴力和正常的管教有什么区别？

第三节　上学是我的权利

你的身边有没有和你同龄却不上学的小伙伴？你有没有听过未成年人不上学去打工的事情？这些都是侵犯未成年人权利的现象。下面，我们来了解一下未成年人上学的权利吧。

知识小课堂

义务教育是我们国家统一实施的强制教育制度，是一种针对所有适龄的儿童、少年统一实施的，具有普及性、强制性、免费性的学校教育，又称为免费义务教育。

接受义务教育是公民的基本权利。

为了保障适龄的儿童、少年接受义务教育的权利，国家特制定了《中华人民共和国义务教育法》（以下简称《义务教育法》）。《义务教育法》第四条中规定："凡具有中华人民共和国国籍的适龄儿童、少年，不分性别、民族、种族、家庭财产状况、宗教信仰等，依法享有平等接受义务教育的权利，并履行接受义务教育的义务。"

《未成年人保护法》第十六条中对义务教育也有相应规定："未成年人的父母或者其他监护人应当履行尊重未成年人受教育的权利，保障适龄未成年人依法接受并完成义务教育的监护职责。"

什么是适龄呢？

根据《义务教育法》规定，凡是年满六周岁的儿童就是适龄儿童，可以入学接受免费的义务教育。

这也就是说，在我们国家，凡是年满六周岁的儿童都享有接受义务教育的权利。这是国家赋予未成年人的、写在法律中的权利。

我们国家现在实行的是"九年义务教育"（个别地区有十二年或者十五年义务教育的规定，我们在此不作讨论），也就是说，从小学一年级开始，直到初中毕业，都是儿童、少年接受义务教育的时间。在这个时间内，儿童、少年接受教育的权利是受到法律保护的。

因此，如果父母或者其他监护人未送适龄儿童入学接受义务教育，胁迫或者诱骗儿童失学、辍学（指的是没有完成规定学业中途退学），都是违法行为，要接受批评教育、处罚，如果构成犯罪，要依法追究刑事责任。

▲ 接受教育是国家赋予我们的权利

有的人可能会有疑问，为什么国家这么重视义务教育？我们为什么要进行义务教育呢？

义务教育，对于国家和个人，都具有重要意义。

对国家来讲，教育是国家进步的动力。

国家之所以发展和进步，离不开各行各业的繁荣、各个领域的进步，而每个行业和领域的进步都取决于各种人才的素质。因此，"人"是最基础、最主要的动力。每个人都接受教育，都拥有较高的国民素质，那必然会促进所在行业的发展，进而推动国家的进步。

对个人来讲，接受教育是认知自我的必经之路。

知识是前人的经验总结，接受教育可以对人的心智发展进行教化和培育，可以让我们的思想和思维走向成熟和理性，认识到自我，形成自己的价值观。义务教育是处在人生刚开始阶段的教育，正是价值观塑造的关键时期，因此，这一时期接受学校的正规义务教育，可以使我们的思想从开始就走在正轨上，同时避免受到错误思想的引导。

综上所述，接受义务教育既是未成年人的权利，也是未成年人的义务。如果有人侵犯你接受义务教育的权利，那么你就可以向人民政府、教育部门等求助。

同时，我们在学校要好好学习，不因任何原因退学，坚决履行好自己应尽的义务。接受义务教育对于自己以后的人生具有重要意义，不要因为一些短暂的诱惑（比如挣钱、出名）或者学习遇到困难就放弃学业，等错过了学习的最佳时机，再想接受教育就会追悔莫及。

**想一想
说一说**

接受义务教育对自己有什么好处？

如果有人侵犯你接受义务教育的权利，应该怎么办？

第四节 "玩"也是我的权利

做不完的试题，上不完的兴趣班，感觉自己每天忙忙碌碌，根本没有时间玩。好不容易休息一下，于是就想抓住机会看动画片、打游戏，美其名曰"休息"。这样真的是合理的休息吗？我们应该如何休息？

知识小课堂

保障充足的休息对我们的身心都具有重要意义。

首先，生活中需要遵循我们身体内部的生物钟。

从晚上十点开始，人的体温开始下降，呼吸变慢，激素分泌水平下降，身体的大部分功能都趋于低潮，这是身体向我们发出的需要休息的信号。正常情况下，从此时开始，一直到第二天早上的六七点钟，身体一直处于修整状态，各项机能运转缓慢，适合睡觉。这是顺应生物钟的表现。

如果在身体需要休息的时候，还在学习，强迫机体运转，那就有可能对身体的各种器官产生伤害。比如大脑中、肝脏中累积一天的有害代谢物无法清除，长此以往，可能造成记忆力下降、神经衰弱，增加患病的概率。

因此，在日常生活中，我们需要保证规律的作息，遵循人体生物钟的规律，不经常熬夜，不经常晚睡。

其次，劳逸结合。

除了正常的白天学习、晚上按时睡觉的基本规律，在白天我们也不要一直保持学习的状态，同样需要注意休息，保证劳逸结合。

这是因为人的专注力是有限的，而且儿童、少年的大脑发育并不完善，专注做一件事情的时间较短，一般从六岁开始才能保持持续 15 分钟以上的专注力。专注力可以帮助我们全身心投入地去做一件事，比如写作业，精力集中的时候，写得总是又快又好；相反，如果没有专注力，就会又累又慢。因此，我们需要劳逸结合，比如，可以利用闹钟设定学习时间，学习半个小时，休息 5~10 分钟等。

我们知道了休息的重要性，而如何选择休息的方式也很重要。

我们要明白休息不等于娱乐。

一些娱乐项目，如看电子产品或者打游戏，这时候，我们的大脑仍然在不断接受新的信息，并对信息进行分析。这些都是我们意识不到的事情，是大脑在默默地做这些工作。我们看起来可能一动不动，也没有像写作业那样主动地去分析和解决问题，但是大脑仍然在消耗能量。所以，这就是为什么我们有时候长时间看电子产品或者打游戏结束后，看似是休息了，但会感觉更疲倦。

▲ 运动让我们健康成长

这种娱乐方式还会对我们的身体造成损伤，比如，久坐不动造成肌肉僵硬，电子屏幕对视力的影响等。

因此，休息方式的选择很重要。那什么才是正确的休息方式呢？

正当的兴趣爱好和适度的体育锻炼是不错的选择。

唱歌、听音乐、跳舞、画画、朗读、养花、养小宠物等，都是有益身心的娱乐方式。

适度的体育锻炼也是一种休息。很多人可能不明白，为什么锻炼也是休息？因为休息包括身体上的休息和心灵上的放松，户外散步、慢跑或者仅仅做一些肌肉放松的动作，这些都可以起到舒缓身心的作用。或者，什么都不做，只静静发一会儿呆，闭上眼睛小憩或者冥想等，也都是一种休息。经过休息后，身心放松了，又可以精神饱满地投入到学习中，那么这就是有益的休息方式。

保证未成年人的休息、娱乐和体育锻炼时间，是法律明确规定的。

《未成年人保护法》第十六条规定，未成年人的父母或者其他监护人应当履行保障未成年人休息、娱乐和体育锻炼的时间，引导未成年人进行有益身心健康的活动的责任。

所以，"玩"是未成年人的权利，如果你的必需休息、娱乐和体育锻炼时间都被取消，那就可以名正言顺地向爸爸妈妈提出抗议。

想一想
说一说

你觉得父母给你安排的放松时间合理吗？
你平时都喜欢什么样的放松方式呢？

爸爸妈妈要学习如何当父母

家庭教育是指一个人在家庭中所受到的教育，包括从出生到自己独立之前所受到的来自家庭各方面的影响。在家庭教育中，最重要的"老师"就是父母（这里的父母指的是父母或者其他监护人）。

知识小课堂

每个人都有自己的父母，如无特殊情况，我们的父母也是我们成年之前的监护人，担负着抚养、教育和保护我们的责任。

人们常说"父母是孩子的第一任老师"。这话不无道理。我们都知道，老师是教授我们知识的人，父母可以说是孩子的第一位启蒙老师，同时在每个人成年之前，都担负着照顾抚养他们的责任。孩子会受到家庭环境的影响，模仿父母的言行举止、为人处世，在短则十几年，长则一生的时间里，父母都是孩子的引导人、领路者，也是生活中的老师。

成为老师的人都需要具有一定的资质，不论是学历、经验、品行等，都需要达到一定的标准，专业的教师是需要经过专业的学习和培训才能上岗的。

对于家庭教育中"老师"这样一个重要的角色，父母是否称职呢？情况恐怕不容乐观。比如，有的父母抛弃自己的孩子；有的教育不当，对孩子实施家庭暴力；有的剥夺孩子所有的娱乐休息时间；有的不让孩子接受义务教育；有的教孩子参与赌博，等等。这些父母都是不称职的老师。

还有一些父母关系不和睦，经常吵架或者冷战；有的父母爱占小便宜；有的父母不赡养老人；有的父母不诚实守信，经常说话不算数。虽然表面上看起来，这些父母并没有直接做什么不利于孩子的事，但是家庭的氛围，父母的价值观和行为，会在潜移默化中对孩子形成影响，让孩子或变得自卑内向，或者自私势利，而父母往往不自知，还可能一味怪罪孩子。这其实也是父母家庭教育知识缺乏所导致的。

父母并不是从孩子出生那一天就会做父母的，父母没有经过岗前培训，也没有人系统地教导他们应该怎么做父母。所以，大多数父母都是凭借自己摸索的经验来教育孩子，这其中难免有不妥当甚至是错误的地方。一旦发生错误，承担后果的必然是孩子，有些甚至会给孩子造成严重伤害。因此，未成年人的父母或者其他监护人学习家庭教育知识是非常有必要的，这也是为人父母应尽的责任。

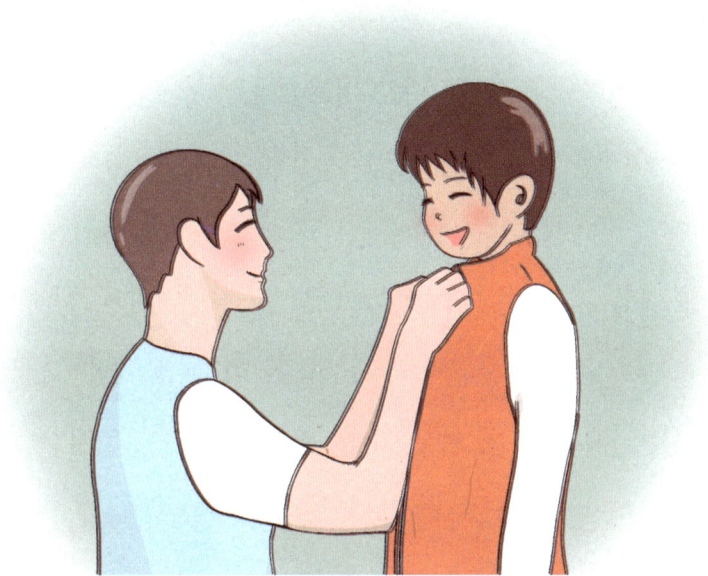

▲ 称职的监护人要把好的一面传递给孩子

《未成年人保护法》第十五条规定："未成年人的父母或者其他监护人应当学习家庭教育知识，接受家庭教育指导，创造良好、和睦、文明的家庭环境。"

　　所以，如果你觉得父母的家庭教育有什么不文明，或者违背《未成年人保护法》的地方，就开诚布公地和父母谈谈关于家庭教育的问题。

想一想
说一说

你的父母了解《未成年人保护法》吗？

你的父母有什么深刻的家庭教育经历吗？

第六节　注意，这些人不能照护我

留守儿童，指的是父母双方外出务工或者一方外出务工而另一方无监护能力，同时不满十六周岁的未成年人。

知识小课堂

在我们国家，留守儿童是一个很大的群体，数以千万计，他们大多数都没有父母的监护，和祖父母、外祖父母、哥哥姐姐或者其他亲戚居住在一起。这些被未成年人的父母委托照顾自己孩子的人，叫作被委托人。

《未成年人保护法》第二十二条规定："未成年人的父母或者其他监护人因外出务工等原因在一定期限内不能完全履行监护职责的，应当委托具有照护能力的完全民事行为能力人代为照护；无正当理由的，不得委托他人代为照护。"

这也就是说，父母如果因为外出打工而不能在子女身边，这时候父母就要委托其他人来照护孩子。我们需要注意，被委托人需要满足的条件——必须得是具有照护能力的完全民事行为能力人。

《民法典》规定："成年人为完全民事行为能力人；十六周岁以上的未成年人，以自己的劳动收入为主要生活来源的，视为完全民事行为能力人。"

也就是说，留守儿童的父母需要委托成年人或者满十六周岁，并且以自己的劳动收入为主要生活来源的人来照护自己的孩子。

▲ 法律给予我们选择监护人的权利

那是不是只要是个成年人或者满十六周岁，并且以自己的劳动收入为主要生活来源的人就可以成为被委托人？并不是这样的。成年人中的限制民事行为能力人和无民事行为能力人不能成为被委托人。限制民事行为能力人和无民事行为能力人是与完全民事行为能力人相对应的。分别指的是八周岁（含八周岁）以上的未成年人以及不能完全辨认自己行为的成年人和不满八周岁的未成年人以及完全不能辨认自己行为的成年人。不能完全辨认自己行为的成年人和完全不能辨认自己行为的成年人指的是精神障碍者或者精神病患者。

限制民事行为能力人和无民事行为能力人即便是成年人，也不能成为被委托人。除了这两类人群，还有一些不能作为被委托人的情况。

《未成年人保护法》第二十二条规定："未成年人的父母或者其他监护人在确定被委托人时，应当综合考虑其道德品质、家庭状况、身心健康状况、与未成年人生活情感上的联系等情况，并听取有表达意愿能力未成年人的意见。

具有下列情形之一的，不得作为被委托人：

（一）曾实施性侵害、虐待、遗弃、拐卖、暴力伤害等违法犯罪行为；

（二）有吸毒、酗酒、赌博等恶习；

（三）曾拒不履行或者长期怠于履行监护、照护职责；

（四）其他不适宜担任被委托人的情形。"

所以，如果父母因为长时间不在家，将未成年人委托给其他人照顾时，需要认真考虑被委托人的具体情况。

首先，必须得是成年人或者满十六周岁，并且以自己的劳动收入为主要生活来源的人，也就是完全民事行为能力人；其次，不得委托给限制民事行为能力人和无民事行为能力人；最后，一些有犯罪记录或者有不良习惯的人也不适合担任被委托人。

**想一想
说一说**

我的爸爸妈妈去别的地方打工了，把我托付给祖父祖母照料，我的祖父常常喝酒、打牌，我知道这样做不好。有人说我的祖父不适合照料我，我也不知道这样的说法对不对。

第七节　记住，安全最重要

　　每个人的生命只有一次，但是威胁生命安全的因素却有无数，有些死亡威胁就在身边。有些人可能觉得这话有些夸大，那是因为你不了解在你身边的安全隐患以及每天、每年有多少人被身边的安全隐患夺去生命。

知识小课堂

　　在我们国家，伤害已经成为儿童死亡原因的第一位。所以，我们应该了解这些安全方面的知识。

一、交通安全

　　过马路被车辆撞倒、发生车祸等是威胁人生命安全的重要因素。一旦发生，就有可能造成严重伤害，甚至使人失去生命。因为车祸而导致人身伤亡的消息不胜枚举。

　　因此，我们一定要提高安全意识，做好防护。比如，过马路一定要看两边；戴上醒目的帽子或者标志；乘坐私家车使用儿童安全座椅或者佩戴安全带；骑车佩戴头盔；不要在停着的车辆周围玩耍，等等。不要嫌麻烦，一个小小的举动可能在发生灾害的时候就能挽救我们的生命。

二、校园安全

校园暴力是指发生在学校中，主要以学生为对象的一种攻击性行为。

校园暴力多因为一些琐事发生冲突，随后上升到肢体冲突，甚至使用一些凶器，在激动和混乱中往往造成严重伤害。这样的报道屡见不鲜，同学之间就因为一点小事发生口角，最终却被击中要害部位，造成伤残或死亡。年轻的生命就这样消失，同时带给两个家庭无法修补的伤痛。

因此，在校园中和同学相处应该注意方式、方法，如果有打架斗殴等事件，千万不要参与进去，没什么比你的生命安全更重要。

此外，体育课、运动、上下楼梯等也都要注意安全，慢走慢跑，不嬉戏打闹，减少造成伤害的因素。

三、游玩安全

儿童因为外出游玩造成伤害的情形也非常多，比如游泳溺水、在喷泉中玩耍触电、从电梯滑落、被狗咬伤、被陌生人伤害或带走等。

溺水是造成儿童伤害死亡的重要因素，在 2017 年发布的《中国青少年儿童伤害现状回顾报告》中提到，溺水在 1~14 岁儿童意外伤害死因中排第一。因此，我们一定要避免脱离大人的视线，单独去水塘、河边、海边等水域；如果有他人落水，我们应该报警或者呼喊其他的成年人前来营救，不要自己下水。

此外，出去游玩一定要遵守电梯、扶梯的安全注意事项，不去喷泉中玩耍，远离猫、狗等动物，不离开大人的视线，绝对不能跟陌生人走，不接受陌生人递给的食品或饮料，记住爸爸妈妈的手机号，如果和大人走散一定要找警察求助等。

除了以上列举的这些安全隐患，还有火灾、地震、食物中毒、药物中毒等。意外伤害无处不在，对我们的生命安全造成威胁，因此我们必须要接受安全教育，尽可能地远离这些伤害。

父母或监护人也有责任为未成年人尽可能地提供安

全的生活环境。《未成年人保护法》第十八条规定："未成年人的父母或者其他监护人应当为未成年人提供安全的家庭生活环境，及时排除引发触电、烫伤、跌落等伤害的安全隐患；采取配备儿童安全座椅、教育未成年人遵守交通规则等措施，防止未成年人受到交通事故的伤害；提高户外安全保护意识，避免未成年人发生溺水、动物伤害等事故。"

生命十分宝贵，我们所做的一切事情、所有的期望和梦想都是建立在有生命的基础之上的，如果失去了生命，那么一切都将不复存在。因此，我们要珍惜生命，远离安全隐患，提高警惕，不做任何可能伤害自己和他人的事情。

想一想
说一说

你曾经经历过哪些伤害？

你认为还有哪些需要防备的潜在伤害？

第三章
学校对未成年人的保护责任

本章简介

　　学校是未成年人成长过程中至关重要的场所。未成年人在学校学习文化知识，接受素质教育，是其从家庭走向社会的过渡阶段。学校应当全面贯彻国家的教育方针，坚持立德树人，实施素质教育，提高教育质量，注重培养未成年学生认知能力、合作能力、创新能力和实践能力，促进未成年学生全面发展。学校应当建立未成年学生保护工作制度，健全学生行为规范，培养未成年学生遵纪守法的良好行为习惯。新修订的《未成年人保护法》主要围绕教书育人和安全保障这两个基本点，详细规定了学校保护未成年人的职责。就教书育人而言，主要是完善了学校、幼儿园的教育、保育职责，既要保障未成年人的受教育权，特别是留守未成年人、困境未成年人、行为异常或者学习有困难的未成年学生等特殊群体的受教育权，又要保障他们休息、娱乐、锻炼的权利，避免加重其学习负担。就安全保障而言，坚持校园安全风险零容忍，从建立校园安全管理制度、加强卫生保健工作、配备安保人员和设施、完善校车安全管理制度、完善突发事件处置预案等做了明确的规定与要求。此外，针对校园欺凌和性侵害、性骚扰问题频发，特别规定了学校应当建立学生欺凌防控制度和性侵害、性骚扰防控制度。

第一节　老师说我是"笨蛋"

　　自尊是指个人基于自我评价产生和形成的一种自我尊重，并且要求受到他人尊重的一种情感体验。

　　自尊水平的高低对我们每个人的心理健康影响巨大，因此拥有良好的自尊对于我们每个人都非常重要。

知识小课堂

　　自尊心不足可能会对我们的心理健康造成不利的影响，甚至导致我们做出不恰当的行为。

　　自尊心不足，人就无法正确对待自己和他人的评价，也不能恰当地对社会环境的要求做出合理反应。一种表现是自卑，可能会自暴自弃，觉得自己什么也做不好，或者觉得自己很可怜，人们都不关心我等，严重的可能会产生焦虑甚至放弃生命。另一种表现是自恋，以自我为中心，敌视他人，甚至会搞破坏、报复等。这看似和自尊心不足没关联，但其实是对自己自尊的一种保护，不想通过其他途径去获得自尊的满足，而是固守自己内心的自尊，反抗外界的环境。

自尊心不足是不健康的心理状态，同样，自尊心过强也是不可取的。自尊心过强会使人的心理偏离正常的轨道，转向另一个错误方向——虚荣。虚荣的表现是盲目攀比，而且过分看重别人的评价，有强烈的嫉妒心等。比如，看到同学有一件新文具，自己不管需不需要也想要；别人随口的一句评价就能让自己琢磨半天；一起玩的同学受到别人表扬，而自己没被表扬，就会心生不愉快等。

自尊心过强或不足都是不健康的，那么良好的自尊是什么样的？

良好的自尊是一种对自我状况满意，对自己的能力和存在价值充满自信的状态。

高自尊的人遇到困难，既不会灰心丧气，停滞不前，也不会盲目觉得自己比任何人都强，而是能够客观地认清自己、他人、外界环境，从而对环境和遇到的事情做出合理的反应。

　　那么，真正的高自尊如何获得呢？自尊的水平高低与外界的反馈有密切关联。比如，我们在学校总是受到批评，诸如"你怎么这么笨""真是的，这点小事都做不好""你怎么那么讨人厌""真是没教养"等，或者被体罚（罚站、罚蛙跳等）、变相体罚（罚抄作业、罚做值日等）。这些都是侮辱学生人格的说法或做法，这样有可能会造成学生自尊心不足。一方面，我们可能真的就会产生"我很笨，我什么都做不好"的自我评价；另一方面，我们也可能出于保护自己内心的目的，固守自己的自尊，反抗外界环境。

▲ 我们和老师互相尊重

　　因此，对于保护未成年人的自尊心，成年人需要十分注意自己做出的评价。

　　《未成年人保护法》为了保证未成年人的心理健康，也在这方面作了规定："学校、幼儿园的教职员工应当尊重未成年人人格尊严，不得对未成年人实施体罚、变相体罚或者其他侮辱人格尊严的行为。"

　　如果他人对我们实施了侮辱人格尊严的行为，贬低我们的自尊，不要一味忍受和自怨自艾。首先要肯定自己的价值，每个人都有自己的长处和闪光点，外界的批评可能只是针对你的缺点或者某一方面，而不是全盘否定你整个人。其次，要理智地看待整件事，要明白批评你的人究竟是在发泄脾气，还是真正指出了你的问题，不要因为维护自己内心的自尊，就否定所有的批评。学会分辨和倾听有价值的批评，对于我们自己的成长也是有益的。

想一想
说一说

　　你遇到过被老师批评吗？

　　如果你受过批评，你认为这些批评只是贬低你自尊心的批评，还是客观的批评？

第二节　学校组织假期补课正常吗？

作业一做做到半夜，周末和假期还要上培训班，除了课本上的基础课程，还增加奥数等超高难度的培训……这些都是学生课业负担过重的表现。学生课业过重，会压缩其正常的休息、娱乐和体育锻炼时间，对身心发展都不利。

知识小课堂

国家为了保障学生的身心健康，培育德智体美劳全面发展的好少年，以法律的形式规定学校不允许利用假期等时间为学生补课，目的是减轻学生的负担，防止学校占用学生过多的时间，从而让学生有充足的休息、娱乐和体育锻炼时间。

《未成年人保护法》第三十三条规定："学校应当与未成年学生的父母或者其他监护人互相配合，合理安排未成年学生的学习时间，保障其休息、娱乐和体育锻炼的时间。

学校不得占用国家法定节假日、休息日及寒暑假期，组织义务教育阶段的未成年学生集体补课，加重其学习负担。

幼儿园、校外培训机构不得对学龄前未成年人进行小学课程教育。"

学校不得组织补课，和校外的培训机构合作，向学生推销课程。

《未成年人保护法》第三十八条规定："学校、幼儿园不得安排未成年人参加商业性活动，不得向未成年人及其父母或者其他监护人推销或者要求其购买指定的商品和服务。

学校、幼儿园不得与校外培训机构合作为未成年人提供有偿课程辅导。"

所以，不论是学校组织的补课，还是推荐学生去某个培训机构，都是违反《未成年人保护法》的规定的。

但是，减负并不代表简单地不留任何作业，一味降低课业难度，或者让学生整个假期都是处在完全"自由"的状态等。那就是另一个极端了，也不是我们想要达到的理想状态。

根据艾宾浩斯遗忘曲线做的实验得出的结果：当天学习的新知识，如果不及时复习，那么一天以后记得的内容只留下 25%。而当天及时复习，第二天记忆内容可以保留 98%。所以，课后完全没有作业，不预习也不复习，当天学习的知识很快就会被遗忘，根本记不牢。因此，适当的课后作业是必须的，是符合学习规律的。

另外，假如只留了适当的作业，我们做作业仍占用很长的时间，那可能并不是作业多，有可能是写得慢。比如，边写边玩，注意力不集中等都会导致写作业拖沓。所以，写作业的时候就专心写作业，写完作业就痛快地玩，这才是最合理的安排。

因此，我们一方面要反对过于沉重的课业，知道学校利用假期补课是违反我们的身心发展和法律规定的；另一方面，我们也不能够"一刀切"，拒绝所有的作业和补习。合理地安排学习时间，保障充足的休息、娱乐和体育锻炼时间，既是学校的责任，更是我们自己的责任。

**想一想
说一说**

你所在的学校作业量大吗？

你做作业的时候效率高吗？

你对课外培训怎么看？

第三节　坐校车注意事项很重要

同学们，你们乘坐过校车吗？你知道乘坐校车应该注意哪些事项吗？如果车辆遇到紧急情况，你知道如何处理吗？我们接下来就一起去看看吧。

知识小课堂

校车是专门用于接送学生上下学的车辆。因为乘客都是未成年人，一旦发生事故或紧急情况，那么很有可能会对未成年人的生命安全产生威胁，因此我们需要知道一些必要的安全乘车知识。

1. 提前5~10分钟到达指定的位置候车。候车时不打闹嬉戏，注意过往车辆，保障自身安全，同时不要错过校车。

2. 不携带易燃、易爆、化学危险品上车。比如，酒精、打火机、食用油、杀虫剂等这些是常见的易燃易爆品。

3.上车时候按照顺序，不拥挤，不打闹。上车后，按照正确方式系好安全带。

4.不在车上吃东西、喝饮料，避免急刹车发生食物或水呛入气管的危险。

5.不向车窗外抛掷垃圾。不将头、手或者任何身体部位伸出窗外，避免造成损伤。

6.不在车内写作业、画画等，不带尖锐的器具上车。避免刹车时笔或尖锐的物体伤害身体、晃动的车厢对视力造成损伤。

7.爱护车辆附属物品，不乱动车辆的设备，晕车随身携带垃圾袋。

8.不在车上睡觉，避免被单独遗忘在车上发生危险。

9.下车时要带好自己的物品，按顺序下车，不推搡，下车后过马路不疾跑。

知道了这些安全乘车知识，并认真去做，可以使我们日常乘车时避免一些安全隐患。但是，校车的安全不仅仅取决于我们，还有很多因素是不可控的，比如，车辆发生故障或者遇到车祸等。这时候我们需要了解一些应急处理的知识。

▲ 校车安全知识要牢记

1. 如果校车发生了故障，比如没油了或者熄火了，不可擅自下车，要安静在车上等待，或者听从随车老师指挥转移到安全地带。

2. 如果校车遇到轻微事故，比如剐蹭等，要安静在车上等待，或者听从随车老师指挥转移到安全地带。

3. 如果校车遇到严重事故，比如发生侧翻或严重车祸，如果自己没受伤或者伤势不严重，那么首先要先离开车辆。如果车门打不开，则需要利用车窗旁边的安全锤敲击窗户的四角和边缘，等玻璃裂开，将整块玻璃砸碎，然后逃出。

4.如果遭遇事故，受伤流血，在救护人员赶到之前，想办法给自己止血，比如可以利用布条状的东西在出血部位上方进行绑扎，稍稍紧一点，防止流血过多。

5.如果车辆起火冒烟，用湿的毛巾、衣服捂住口鼻，并想办法尽快离开车辆。

现实中还有很多意想不到的复杂情况，也许我们永远不会碰到，但是如果真的遇到了，我们掌握一些应急知识有可能帮助我们避免受到伤害。

学校对校车的安全负有重要责任，应当定期排查安全隐患，比如，车辆是否有安全隐患，校车司机是否有合格的资质，司机是否有不良驾驶习惯（饮酒、疲劳驾驶）等。《未成年人保护法》第三十六条规定："使用校车的学校、幼儿园应当建立健全校车安全管理制度，配备安全管理人员，定期对校车进行安全检查，对校车驾驶人进行安全教育，并向未成年人讲解校车安全乘坐知识，培养未成年人校车安全事故应急处理技能。"

这样的规定，让学校对校车安全更加重视，同时也是对每位乘坐校车的学生的生命负责。

**想一想
说一说**

你乘坐过校车或者大巴车吗？

你平时乘车时是怎么做的呢？

第四节　青春期的烦恼找谁诉说？

青春期是什么时期？青春期的身体和心理会经历什么样的变化，可能会遭遇什么烦恼？我们又该如何应对这些烦恼？

知识小课堂

青春期，是由儿童向成年人过渡的时期，主要表现在生理和心理上的变化。

生理上，在这一时期的身体进入发育高峰，男生一般从十三岁左右开始，性器官开始发育，身材逐渐高大，肌肉发达，喉结突出，声音变得低沉，长胡须等。女生发育一般比男生早 1~2 年，皮肤变得细嫩，皮下脂肪饱满，声音尖细，乳房开始发育，出现月经初潮等。

随着生理上发生巨大的变化，青春期男生、女生的心理也会出现变化。

首先，因为身体内部激素的影响，身体发生的变化可能会让我们觉得十分不适应，甚至会产生羞涩、不好意思的感觉。比如，有的人脸上长满了"青春痘"，觉得很丑；有的人变声了，觉得不适应；有的觉得胸部发育很恼人。

其次，这一时期，心理的需求较儿童时期有较大的变化，最主要的是，对异性关注的需求。这时候，异性对我们似乎有一种看不见的吸引力，我们内心会很想靠近某一异性，想和他／她一起上学放学，关心他／她的一举一动等。

最后，青春期的孩子对自己的定位的疑惑。从法律上来看，青春期的孩子大部分都属于未成年人，属于限制民事行为能力人，但是从身体发育和心理上来看，他们又与儿童有很大区别。社会和周围环境对待他们既不能像对待小孩子一样，又不能完全当成年人对待。因此，这可能就会造成青春期的孩子对自己定位不清晰，不知道如何规范自己的行为举止。

对于这些问题，首先要摆正心态，正确看待青春期。

青春期只是人生中的一个必经阶段，是身体发育逐渐成熟的过程，是自然进化的规律。同样的，青春期的身体发育逐渐成熟是为我们进入成年做准备，为我们以后的恋爱、结婚、生子做准备。

▲ 向咨询师咨询心理问题

其次，在青春期对异性的关注是正常的。

面对这个现象，我们要做的是不要刻意压抑，但是也不能随意放纵。

不刻意压抑，是因为我们需要正视这件事情，与异性交往是我们与人交往的一部分，我们和异性做朋友可以看到他/她身上的不同特质，增加我们的社会交往经验。

青春期是人身心成熟的过渡时期，并不是真正的成熟，每个人就像是一个未成熟的青涩果子，等待迈进成人的行列。因此不能放纵，不能因为冲动而对同性或异性做出伤害性的事情，比如欺凌、性骚扰等。

最后，对自己的定位是一个长期探寻的过程。

我们需要经常思考，从书中学习或者向老师、家长请教，获得经验，才有可能逐渐确定自己的定位。

青春期是一个变化巨大的时期，同时也是精彩纷呈的时期，好好去体验，会成为我们生命中最美好的一个时期。如果在青春期遇到了什么烦恼事，比如，对身体发生的变化的不理解，学习时注意力不集中，心理上产生压抑，自我封闭等问题，一定要找正规的纾解渠道。可以和家长聊聊，或者向自己信任的长辈、学校的老师、心理老师等人求助。这些人是值得信任的，而且有经验，会从客观的角度给你一些有建设性的信息。

《未成年人保护法》第三十条也规定了："学校应当根据未成年学生身心发展特点，进行社会生活指导、心理健康辅导、青春期教育和生命教育。"

我们不要因为不好意思，自己去上网搜索一些信息或者看一些来源不明的书刊。这些信息可能不具有科学性和准确性，会给我们造成误解，甚至产生误导。我们无法对青春期有一个正确的认识，和异性交往也可能走向越轨的边缘。也不建议和同龄人商量，因为大家的经验都差不多，而且也同样会面临信息不科学、不准确的风险。

想一想
说一说

你对青春期了解吗？

如果你在青春期出现了烦恼，会找谁倾诉呢？

第五节　有人总欺负我怎么办?

学生欺凌是指发生在学生之间，一方蓄意或者恶意通过肢体、语言及网络等手段实施欺压、侮辱，造成另一方人身伤害、财产损失或者精神损害的行为。

知识小课堂

学生间的欺凌包括直接欺凌和间接欺凌。

直接欺凌又分为直接身体欺凌和直接语言欺凌。一方对另一方实施打、踢、推搡、破坏和抢夺物品等行为，属于直接身体欺凌；辱骂、嘲弄、挖苦、起外号等，属于直接语言欺凌。

间接欺凌包括传播某位同学的谣言、故意孤立，也包括发送歧视性的短信和邮件等。

学生欺凌中最常见的是霸凌，霸凌的特征是：一方的实力明显高于另一方；反复发生或者有反复发生的可能。比如，一群学生殴打一个学生，被一个同学反复勒索财物等。

学生欺凌会对被欺凌的学生身体或心理上造成伤害，由此引发的悲剧也不在少数。比如，甘肃某中学一学生因为遭到同学网络欺凌，恶意丑化自己的照片，于是便在自己班级的饮用水中投毒；福建某中学一男生长期被其他同学欺凌，一次被殴打后导致脾脏出血，最终摘除脾脏；安徽某中学一同学与另一同学起争执，被打耳光，回家后从四楼跳下，不治身亡。

校园欺凌是严重危害学生身心健康的行为，为了保护学生免受欺凌，国家也从法律层面对学生欺凌作了规定。

《未成年人保护法》第三十五条规定："学校、幼儿园应当建立安全管理制度，对未成年人进行安全教育，完善安保设施、配备安保人员，保障未成年人在校、在园期间的人身和财产安全。"

第三十九条规定："学校应当建立学生欺凌防控工作制度，对教职员工、学生等开展防治学生欺凌的教育和培训。

▲ 拒绝校园霸凌

学校对学生欺凌行为应当立即制止，通知实施欺凌和被欺凌未成年学生的父母或者其他监护人参与欺凌行为的认定和处理；对相关未成年学生及时给予心理辅导、教育和引导；对相关未成年学生的父母或者其他监护人给予必要的家庭教育指导。

对实施欺凌的未成年学生，学校应当根据欺凌行为的性质和程度，依法加强管教。对严重的欺凌行为，学校不得隐瞒，应当及时向公安机关、教育行政部门报告，并配合相关部门依法处理。"

除了学生欺凌，我们还应警惕校园暴力。

校园暴力，是指在校园内外（上下学途中、教室内外、网络上等）发生的一种暴力行为。它与学生欺凌是发生在学生之间的不同，校园暴力可能是学生与学生之间，也可能是老师与学生之间，还有可能是校外人员与学生或老师之间发生的暴力。

如果我们遭遇到欺凌或校园暴力，应该怎么办？

首先，一定要告知老师或家长，不要因为害怕受到报复而选择默默忍受。如果你第一次被欺凌了，没有发声，那么欺凌很可能会一而再、再而三地找上你。

其次，如果看到了有人被欺凌或遭到校园暴力，在脱离了当时的场景，保障自己安全的情况下，同样要告知老师和家长。如果看到了欺凌或校园暴力却假装没看到，从另一个角度来看，就是助长了欺凌者的气焰。

想一想
说一说

你遭遇过或者见到过学生欺凌或校园暴力吗？

你认为面对学生欺凌和校园暴力有什么更好的解决方法吗？

什么是性骚扰?

被异性搂了一下腰，摸了一下大腿，这些算性骚扰吗？收到他人发送的黄色短信算是性骚扰吗？如果你难以准确回答以上问题，或者被性骚扰后不知怎么办，那一定要补上这一课。

知识小课堂

性骚扰是指以带性暗示的言语或者动作，骚扰他人，使对方感到不悦的行为。

什么是"带性暗示的言语或动作"呢？这就要说到性骚扰的分类了。性骚扰按照行为方式区分，可以分为言语性骚扰、行为性骚扰和环境性骚扰。言语性骚扰，比如，讲黄色笑话，用污秽的语言骚扰他人或者是直接用语言提出性要求；行为性骚扰是指做出一些低俗的动作（比如露出自己的生殖器官），或者触碰受害者的身体敏感部位（如胸部、大腿、臀部等）；环境性骚扰是指在环境中摆放刺激性的图片、淫秽的书刊，播放淫秽的音像制品等。

性骚扰的发生没有固定场所，一般可以分为校园性骚扰、公共场所性骚扰、职业场所性骚扰、家庭性骚扰、网络性骚扰。除了职业场所性骚扰外，其他几种性骚扰都有可能发生在未成年人身上。其中，校园性骚扰的受害人主要为学生，是我们需要特别注意的。

哪些行为是校园性骚扰呢？

同学给你讲黄色笑话，给你看黄色书刊是性骚扰；异性老师要求你单独去办公室找他，并借机搂住你肩膀的也是性骚扰。此外还有许多场景，只要是你感觉到被冒犯，那就很有可能遭遇了性骚扰。女生和男生都会遭遇性骚扰。

性骚扰会对受害者造成严重的心理伤害，会让被骚扰的人感觉羞耻、愤怒，严重的甚至会产生心理问题。而被害者又常常碍于面子，或者不确定自己是否被性骚扰，通常选择沉默，致使性骚扰者逍遥法外，性骚扰行为也屡见不鲜。

因此，建立未成年人保护制度，避免遭遇校园性骚扰是十分重要和迫切的工作。《未成年人保护法》第四十条规定:"学校、幼儿园应当建立预防性侵害、性骚扰未成年人工作制度。对性侵害、性骚扰未成年人等违法犯罪行为,学校、幼儿园不得隐瞒,应当及时向公安机关、教育行政部门报告,并配合相关部门依法处理。

▲　什么是性骚扰

　　学校、幼儿园应当对未成年人开展适合其年龄的性教育,提高未成年人防范性侵害、性骚扰的自我保护意识和能力。对遭受性侵害、性骚扰的未成年人,学校、幼儿园应当及时采取相关的保护措施。"

　　除了校园性骚扰,其他场所也有可能发生针对未成年人的性骚扰。那么，什么样的人会实施性骚扰？我们需要警惕哪些人？

实施性骚扰的人，并没有什么明显的标志，而且有可能就是你身边熟悉的人。公交车上摸你屁股的"咸猪手"；隔壁邻居趁你一个人在的时候，触碰你的隐私部位；网络上聊天，有网友给你传来色情图片、裸体图片；家庭中，也会发生继父母对孩子的性骚扰等。

因此，我们需要了解正确的性知识，知道自己的隐私部位，以便明确自己遭遇的哪些行为是性骚扰。如果遭遇了性骚扰，不要觉得不好意思、羞耻，甚至怀疑是自己的错。那不是你的错，是骚扰者的错。一定要及时告知信任的老师、家长，必要的情况下选择报警，维护自己的合法权益。如果可能的话，尽量保留证据，比如对话截图、照片、监控等。

想一想 说一说

你有没有遭遇过性骚扰？

如果遇到性骚扰，你会怎么办？

第七节　遇到性侵害怎么办？

如果性骚扰是有人的言语或动作让你有被冒犯的感觉，那性侵害就是更严重的骚扰，会对人造成更严重的心理和身体伤害。因此，我们一定要有预防性侵害的意识。

知识小课堂

什么是性侵害？

性侵害是指各种非意愿的性接触和被强迫发生性行为等。性侵害包括强奸和性骚扰（法律上称之为猥亵）。强奸是指未经当事人的同意，强迫其发生性行为，是最严重的性侵害。性骚扰则有更多的表现形式，比如，言语骚扰、触碰隐私部位等。性侵害是犯罪，一定要让罪犯受到法律的制裁。

《未成年人保护法》中多处提及性侵害，及相关人应该负有的责任。第二十二条提到，父母如果委托他人照护未成年人时，曾实施性侵害的人不得作为被委托人。第四十条："学校、幼儿园应当建立预防性侵害、性骚扰未成年人工作制度。对性侵害、性骚扰未成年人等违法犯罪行为，学校、幼儿园不得隐瞒，应当及时向公安机关、教育行政部门报告，并配合相关部门依法处理。学校、幼儿园应当对未成年人开展适合其年龄的性教育，提高未成年人防范性侵害、性骚扰的自我保护意识和能力。对遭受性侵害、性骚扰的未成年人，学校、幼儿园应当及时采取相关的保护措施。"第五十四条："禁止拐卖、绑架、虐待、非法收养未成年人，禁止对未成年人实施性侵害、性骚扰。"

这就从家庭、学校、社会、政府、司法等多个方面对未成年人避免遭遇性侵害筑起了坚固的城墙。

除了《未成年人保护法》，还有其他的法律对性侵害作了明确的规定。《中华人民共和国刑法》（2020 修正）（以下简称《刑法》）第二百三十六条规定："以暴力、胁迫或者其他手段强奸妇女的，处三年以上十年以下有期徒刑。奸淫不满十四周岁的幼女的，以强奸论，从重处罚，最高可判处死刑。"第二百三十七条规定："以暴力、胁迫或者其他方法强制猥亵他人或者侮辱妇女的，处五年以下有期徒刑或者拘役。聚众或者在公共场所当众犯前款罪的，处五年以上有期徒刑。"猥亵儿童的，依照前两款的规定从重处罚。《刑法》中明确了性侵害是犯罪行为，并且是会受到法律的严惩的。

性侵害会使受害者身心都受到伤害，造成难以磨灭的痛苦记忆，甚至使其陷入焦虑和抑郁。

如果遭遇性侵害，首先要想办法自救。许多性侵害的实施者都是冲动犯罪，如果我们在他们想要实施侵害的时候，对他们加以劝解，或许能使其中止犯罪。或者是趁侵犯者不注意，用最大的力气攻击其要害部位（比如生殖器官），确认对方不能起来追赶你，然后快速离开并求救。

如果被性侵害了，那么一定不要选择忍气吞声，独自承受。一定要告知家长、老师等，并向公安机关报案。虽然这对于当事人来讲很难，但是只有让罪犯接受法律的制裁，才能够让我们以后的生活多一分安全。

性侵害一旦发生，往往会对被侵害人造成无法挽回的身体和心理伤害。因此，面对性侵害，最重要的是预防。那么，如何预防性侵害？

首先，避免去"高危场所"。

酒吧、KTV、酒店、洗浴店等场所都是"高危场所"。一方面是因为这里会提供酒精类饮料，人喝下酒后会意识不清晰、反抗能力减弱，同时酒精可能会刺激人做出一些越轨的举动；另一方面，这些场所往往有单独密闭的房间，这样的环境可能会使一些别有用心的人觉得无所忌惮，从而可能实施侵害。

其次，避免和异性独处。

不管是异性老师在放学后让你单独去找他，异性朋友约你出去旅行，还是异性同学、邻居趁家里没人的时候约你去他家等，都要提高警惕，委婉拒绝，避免将自己置于危险场景中。

最后，夜晚不单独出门，不坐黑车，随身携带防狼喷雾等物品。

想一想
说一说

如果遭遇到性侵害，你能想到什么自救的办法？

第四章

社会对未成年人的保护责任

**本章
简介**

　　社会环境是未成年人成长的大背景、大环境，影响着未成年人的健康成长。《未成年人保护法》确立的未成年人社会保护理念是全社会都必须树立关心、爱护未成年人的良好风尚。国家鼓励、支持和引导人民团体、企业事业单位、社会组织以及其他组织和个人，开展有利于未成年人健康成长的社会活动和服务。新修订后的《未成年人保护法》主要从增加积极因素和消除风险因素两个角度规定了社会各主体的职责，一方面增加了有利于未成年人健康成长的社会因素；另一方面最大限度地消除或避免了不利于未成年人健康成长的风险因素。此外，针对未成年人社会保护存在的问题，新修订的《未成年人保护法》增加了城乡基层群众性自治组织的保护责任；拓展了未成年人的福利范围；对净化社会环境提出更高要求；强调了公共场所的安全保障义务；为避免未成年人遭受性侵害、虐待、暴力伤害等侵害，创设了密切接触未成年人行业的从业查询及禁止制度。

第一节　我发现这本书里在宣扬邪教

在我们国家，不满十八周岁的自然人被称为未成年人。其中，八周岁到十八周岁之间的未成年人属于限制民事行为能力人；八周岁以下的未成年人属于无民事行为能力人。

限制未成年人的民事行为能力，是出于对未成年人的保护目的，那么如何保护未成年人的精神世界呢？

知识小课堂

《民法典》第十九条规定："八周岁以上的未成年人为限制民事行为能力人，实施民事法律行为由其法定代理人代理或者经其法定代理人同意、追认；但是，可以独立实施纯获利益的民事法律行为或者与其年龄、智力相适应的民事法律行为。"

第二十条规定："不满八周岁的未成年人为无民事行

为能力人，由其法定代理人代理实施民事法律行为。"

举例说明，一个具有完全民事行为能力的成年人，可以有买卖房子的权利（这属于民事权利）；一个十周岁的孩子有财产权，房屋可以登记在孩子的名下，但是孩子不能独自买卖房子。因为买卖房子这件事超出了他的年龄、智力范围，因此需要在父母或监护人的同意下进行。八周岁以下的未成年人的民事法律行为需要完全由其父母或监护人来代理。

由此我们可以看出，年龄、智力、本身的意识能力是制定这些规定的依据。这与未成年人的生理、心理特点是相符合的。因为未成年人的心智发育不成熟，社会经验不足，辨别能力不强，因此对其划分了民事行为能力的阶段。

所以，未成年人接受信息的优劣就显得尤为重要，社会需要对未成年人进行精神上的保护。

《未成年人保护法》第五十条规定："禁止制作、复制、出版、发布、传播含有宣扬淫秽、色情、暴力、邪教、迷信、赌博、引诱自杀、恐怖主义、分裂主义、极端主义等危害未成年人身心健康内容的图书、报刊、电影、广播电视节目、舞台艺术作品、音像制品、电子出版物和网络信息等。"

　　第五十一条规定："任何组织或者个人出版、发布、传播的图书、报刊、电影、广播电视节目、舞台艺术作品、音像制品、电子出版物或者网络信息，包含可能影响未成年人身心健康内容的，应当以显著方式作出提示。"

　　第五十二条规定："禁止制作、复制、发布、传播或者持有有关未成年人的淫秽色情物品和网络信息。"

▲ 拒绝身边的邪教

图书、报刊、电影、广播电视节目、舞台艺术作品、音像制品、电子出版物和网络信息等都是公开信息，是所有人都可以订阅观看的。但是，对于未成年人来说，有些信息就是不适合观看和接收的，因为他们不能很好地辨别这些信息的好坏和由此产生的后果，甚至可能出于好奇会去模仿。比如，网络上就曾经报道，有几名儿童模仿动画片中烤羊的情形，将其中两名儿童绑在树上进行"烧烤"，致使两名儿童全身大面积烧伤；有的未成年人看到宣扬暴力的电影，就私自购买、携带刀具，拉帮结伙，组成"黑帮"；有的青春期的孩子看了色情片，对异性实施性骚扰。造成这些未成年人做出不良行为的原因，都与接触到不良的信息有关。

因此，保护未成年人的精神健康洁净是整个社会需要尽到的重要责任。让我们共同抵制不健康信息，呵护未成年人的身心健康。

如果未成年人发现有人制作、出版或者传播含有宣扬淫秽、色情、暴力、邪教、迷信、赌博、引诱自杀、恐怖主义、分裂主义、极端主义等危害未成年人身心健康内容的图书、报刊、电影、广播电视节目、舞台艺术作品、音像制品、电子出版物和网络信息等，一定不要继续传播，应该及时告知家长或老师，必要时向公安机关进行举报。

想一想
说一说

你见到过包含不健康信息的图书或者网络信息吗？你是怎么做的？

第二节 我看看广告宣传单

广告，就是向社会大众告知某件事物。广告可以分为不以营利为目的和以营利为目的的广告。前者包括学校的招生声明、入学公告等，后者就是我们经常见到的商业广告：电视播放的广告、大街上发的商品促销宣传单等。

知识小课堂

广告的目的是让大众都知晓某件事情或某些物品，比如，学校的招生声明是为了让适龄儿童了解入学条件、所需材料等；大街上的电器促销广告是为了让我们了解哪些电器在打折或者上了什么新品等。

我们需要知道，广告本身没什么问题，但是商业广告一般都是以营利为目的，而且具有说服性。比如电视上播出的饮料、巧克力、汉堡、炸鸡广告，拍摄得十分美味诱人，能勾起人品尝的欲望，这就是广告带来的说服性。消费者看到广告进而购买相关的产品，商家就会赢利。但是，这些广告只会展示好的一面，并不会说不好的一面。比如饮料、巧克力中糖含量很高，而食用过多的糖，会增加长出龋齿、变肥胖的风险，甚至会影响人的生长发育。

未成年人的辨别意识不强，防范意识薄弱，但是模仿能力强，有可能会被某些商业广告吸引、诱导做出超出自己行为能力的消费，或者做出某些不恰当行为。比如，未成年人接到或看到酒类广告，有可能就会尝试喝酒；有的机构为了达到宣传自己的目的，会在散发广告时赠送一些小礼品，并趁机向未成年人索要家庭住址、电话等个人隐私信息。

因此，出于保护未成年人的目的，《未成年人保护法》中对于商业广告的发布也有限制和规定。《未成年人保护法》第五十三条规定："任何组织或者个人不得刊登、播放、张贴或者散发含有危害未成年人身心健康内容的广告；不得在学校、幼儿园播放、张贴或者散发商业广告；不得利用校服、教材等发布或者变相发布商业广告。"

那么，什么是危害未成年人身心健康的广告？

危害未成年人身心健康的广告有：烟草广告、游戏广告以及各种宣扬淫秽、色情、暴力、邪教、迷信、赌博、引诱自杀、恐怖主义、分裂主义、极端主义等内容的广告。

烟草中含有许多有毒、有害物质，吸烟有害健康，未成年人要坚决远离香烟和烟草制品。全社会要积极消除含有不良信息的广告，如果这些广告随意出现在校园，就有可能对未成年人的心理造成导向作用，引起未成年人的好奇、尝试等。

在生活中和学校中，我们都不要受到商业广告的诱导，不要因为广告中宣扬某种食品、衣服、玩具等，就要尝试购买。一味地追求物质，并不能让你显得高贵和优越，因为永远有更好的商品出现，你也不可能拥有世界上所有的东西。唯有树立正确的价值观和健康的、适度的消费观念，才会让我们回归思想和生活的正轨。

想一想说一说

你在学校接到过广告传单吗？

你会因为广告中的宣传而想要购买某种商品吗？

第三节　"史莱姆"能有什么危害呢?

　　"史莱姆""假水""超轻黏土""水晶泥"……玩具店或者文具店中，常常摆满各种规格、各种形态的软泥玩具。软泥玩具的色彩鲜艳，可塑性强，许多少年儿童都是软泥玩具的爱好者。

知识小课堂

　　用超轻黏土捏出一个个小动物、卡通人物；用史莱姆混合各种亮片，插入吸管还能吹出泡泡；"假水"倒在一个平面上就像一汪水一样，摸起来软软滑滑，还不粘手，真好玩啊。这些柔软解压的软泥产品看起来人畜无害，甚至还很吸引人，其实，它们却隐藏着严重的质量问题。

　　深圳消费者委员会曾做过一项调研，他们选取了市面上 17 款软泥玩具，其中 16 款都检出了"硼"元素，

13 款硼元素的含量超过了欧盟的限制要求。

硼是什么？又有什么危害？硼是一种化学元素，主要以硼砂、硼酸等形式存在。适量硼砂如果添加进食品中，可以起到防腐、增加弹性和膨胀的作用。因此，软泥产品中添加硼砂是为了达到保持弹性、保证不腐坏等目的。

硼具有较高的毒性。硼砂的成人中毒剂量为 1~3 克，成人致死量为 15 克，儿童致死量为 5 克，婴儿致死量为 2~3 克。因此，硼砂是明令禁止添加到食品中的。很多人可能会说，你说的是致死量，软泥中添加的硼量没有那么多，不会造成伤害。其实，并非如此。硼砂进入人体后，会经过胃酸的作用转变为硼酸。硼酸无法排出，会逐渐聚集在人体内。即便每次摄入的量不多，但是积少成多，依旧会对身体造成伤害。人体如果摄入过多的硼，则会引发多脏器的蓄积性中毒。硼酸会妨害消化道中酶的作用，从而引起食欲减退、消化不良、抑制营养素的吸收等症状，甚至会引起硼酸症，导致人呕吐、腹泻、红斑、休克等。

硼含量超标的软泥玩具和其他玩具是我们生命健康的重大威胁，我们需要远离这类产品。

除了软泥玩具，其他的玩具也同样可能存在不安全因素。比如，儿童滑板车的立管强度不合格；平衡车没有超速保护；磁力珠等磁性玩具的磁通量超标，如果误食有可能造成肠穿孔；遥控玩具的增塑剂不合格，可能会对人体生长发育有影响等；许多玩具未标明适合多大的孩子玩，里面一些细小的零部件有可能会被年龄较小的儿童误食，从而威胁生命健康。

还有我们爱吃的各种小食品，也有可能存在质量问题。辣条的钠含量过高；果干蜜饯的甜蜜素超量；海苔、糕点可能存在细菌超标风险；干果过氧化值不合格，长期食用对人体健康非常不利。

由于未成年人正处于大脑、身体的快速发育时期，有害的玩具、食品等可能会对我们的身体造成危害。

为了保护未成年人的身体健康，《未成年人保护法》第五十五条规定："生产、销售用于未成年人的食品、药品、玩具、用具和游戏游艺设备、游乐设施等，应当符合国家或者行业标准，不得危害未成年人的人身安全和身心健康。上述产品的生产者应当在显著位置标明注意事项，未标明注意事项的不得销售。"

在日常生活中，我们在选购玩具时要注意看说明、标识，不要购买"三无"产品；购买食品时要注意看配料表、生产日期等；选择正规的、保护措施齐全的游乐场玩耍。从一点一点中减少危害，呵护我们的身体健康。

想一想
说一说

你喜欢玩软泥玩具吗？

你爱吃什么样的零食？

你注意过零食的成分和有效期吗？

第四节　在商场和妈妈走散了，怎么办？

在商场、车站、码头、医院等人流密集的开放空间，未成年人如果脱离家长的看护，很可能会走失。如果发生走失，应该怎么办？

知识小课堂

大型商场内，购物的人熙熙攘攘，音乐声、广播声嘈杂混乱。你和妈妈一起逛商场，正觉得很没有意思的时候，突然看到不远处的玩具区，立刻被吸引，跑了过去。看完了玩具，前面就是蛋糕区，那边还有零食区……不知不觉，你离妈妈越来越远。

忽然，你发现周围的人都是陌生的面孔，你赶紧开始在人群中搜索妈妈的身影。妈妈，你在哪儿？你急得要哭出来了。这时候，走过来一群身穿商场制服的工作人员，他们看到你站在那里，拿起手机对照一下，然后问你是否叫××，是不是和妈妈走散了，然后一边安慰你，一边拨通电话，那是妈妈的电话。过了一会儿，妈妈在另外两名工作人员的陪同下，赶到了你所在的区域。你看到妈妈一下哭出来，紧紧地抱住妈妈。后来，妈妈告诉你，帮助找到你的是一种叫作"搜寻走失人口安全警报系统"的东西。

妈妈发现你走失后，赶快用手机扫了商场设置的预警码，点击警报，商场所有的工作人员手机上都收到了这条警报，同时开始行动起来：一方面将商场的其他出入口都封闭起来，只留一个出入口，并在出入口设置专人检查；另一方面，组织人员开始在整个商场搜寻。你遇见的就是其中一个搜寻队，他们发现了你，并且比对了预警信息中的照片。确定后，就给妈妈打了电话。

听完妈妈的解释，你是不是觉得这个安全警报系统很强大、很有用，并对它也充满了感激。

《未成年人保护法》第五十六条规定："大型的商场、超市、医院、图书馆、博物馆、科技馆、游乐场、车站、码头、机场、旅游景区景点等场所运营单位应当设置搜寻走失未成年人的安全警报系统。场所运营单位接到求助后，应当立即启动安全警报系统，组织人员进行搜寻并向公安机关报告。"

▲ 商场走失不要怕，服务台帮助找家长

虽然《未成年人保护法》建议这些单位安装安全警报系统，但是并不是每一个地方都会有这样的警报系统，所以我们如果遇到和家长走散的情况，自己要知道应该怎么做，以减少发生意外的危险。

首先，应该待在原地，不要自己乱动，因为家长会来找你。

其次，不论是谁说要带你去找爸爸妈妈，都不要跟他走（警察除外）。

最后，如果等不到家长，那就向商场、车站等的工作人员求助，让他们帮你打爸爸妈妈的电话。

除了走失，我们在公共场所还应预防其他危险。

比如，乘坐商场的扶梯要站稳扶好；车站站台候车要站在黄线以外；不带尖锐的物品进入游乐场等。

在这方面，《未成年人保护法》同样也考虑到了。其第五十六条规定："未成年人集中活动的公共场所应当符合国家或者行业安全标准，并采取相应安全保护措施。对可能存在安全风险的设施，应当定期进行维护，在显著位置设置安全警示标志并标明适龄范围和注意事项；必要时应当安排专门人员看管。"

我们要遵循公共场所的安全提示，不将自己置于任何危险之中。要避免受到伤害，预防是最好的办法。

想一想
说一说

你和家长走散过吗？

你的父母告诉过你哪些安全知识？

第五节　为什么我去住宾馆，被工作人员拒绝？

宾馆、旅馆等本是为了方便旅客住宿、吃饭而开放的营业场所。既然是营业场所，为什么未成年人入住时，却常常要接受特别的询问，甚至被婉拒？

知识小课堂

这是出于对未成年人的保护。《未成年人保护法》第二十一条规定："未成年人的父母或者其他监护人不得使未满十六周岁的未成年人脱离监护单独生活。"

这主要是因为未成年人没有生活来源，无法满足基本的衣食住行等。而且未成年人的生活经验有限，分辨能力不足，假如未成年人脱离了监护人的看护，没有正确的引导，很容易受到其他人的诱惑、蛊惑或欺骗，有可能发生严重的威胁人身安全的危险，比如，被诱拐、被绑架、被引诱吸毒等。

另一方面，宾馆是性侵案的高发地。据统计，超过一半的强奸案件发生在宾馆内。宾馆房间相对封闭，一旦进入房间，房门被反锁，发生了危险，很难求救。

进入青春期的未成年人，随着性激素的影响，身体逐渐显现出第二性征，同时也会出现性冲动。性冲动指的是在性激素和内外环境的共同作用下，对性行为的渴望与冲动。这本是一种正常的生理现象。但是，对于不了解青春期性知识的未成年人来讲，可能就会产生烦恼，不知道是怎么回事。而且有了性冲动也可能不会正确排解，就想要寻找性刺激或者发生性行为，比如，偷偷看一些黄色书刊、色情电影，甚至和异性发生性行为。这些行为在家中自然是不被允许的，那么有人就想到了宾馆。

发生性行为最大的风险就是感染性疾病或者致女性怀孕。

性疾病中最严重的便是艾滋病，发生性行为的两人中，其中一人如果携带有艾滋病病毒，那么很有可能通过性行为传染给另一个人。到目前为止，艾滋病是没有有效的药物可以治疗的。

意外怀孕更会让女性承受痛苦。未成年人未达到我们国家法律规定的婚育年龄，所以如果未成年人怀孕，必然不能结婚和生产，只能选择堕胎。而堕胎会给女性的身体和心理带来巨大的伤害。堕胎一般有药物和手术两种方式。不管哪种堕胎方式都有一定的风险，有可能造成女性子宫穿孔、出血、感染；如果堕胎有残留，还需要再进行二次手术。

性侵不仅可能发生在同龄人之间，还有可能发生在成年人与未成年人之间。因此，出于对未成年人的保护，《未成年人保护法》第五十七条规定："旅馆、宾馆、酒店等住宿经营者接待未成年人入住，或者接待未成年人和成年人共同入住时，应当询问父母或者其他监护人的联系方式、入住人员的身份关系等有关情况；发现有违法犯罪嫌疑的，应当立即向公安机关报告，并及时联系未成年人的父母或者其他监护人。"

有了这项规定，对于发生未成年人被他人诱拐、被胁迫等情况，就有可能会被及时发觉，同时尽可能地避免未成年人被性侵或过早地发生性行为。还有一种情况，如果未成年人是离家出走，那么宾馆的报告制度有可能会帮助他们家人尽快找到自己的孩子。

以上这些都是我们的社会在保护未成年人方面应尽

的责任。

想一想
说一说

　　如果你去入住宾馆，你会觉得宾馆工作人员的询问和验证是多余的吗？

第六节　"你好，请给我来一盒烟"

烟草，是一种草本植物。在大约 3500 年前，美洲的土著人便开始种植烟草。因为烟草叶子燃烧发出的大量烟雾能让人进入麻醉的状态，在人们还不知道科学原理的情况下，将这种情形看作是"通神"，即可以与神灵沟通。烟草也因此成为一种珍贵的、带有神秘色彩的植物。

知识小课堂

最早的时候，人们把烟草看作是治病的药物，用烟草来治疗头痛、牙痛、烧伤，它还能麻醉和抗疲劳。

15 世纪的时候，哥伦布发现美洲新大陆，同时发现了当地的印第安人将一种干燥的草叶卷成筒状后点燃吸食，其燃烧后冒出的烟雾发出一股刺激性味道。这就是最早被人所知的香烟。

随后，烟草逐渐传遍了全世界，慢慢发展成卷烟——即把烟草烤干后切丝，然后卷成规则的圆条状——也就是我们现在常见的香烟。

不论是几百年前的印第安人，还是现代社会的人们，烟草对人们似乎都有一种特别的吸引力，这种闻起来又苦又臭，抽起来又呛又辣的烟草，为何有这么多人喜欢？主要是因为香烟中有让人上瘾的成分——尼古丁。尼古丁，烟草的重要成分，会使人上瘾或产生依赖性。尼古丁会增加大脑多巴胺的分泌，给人感觉好像缓解了疼痛和疲劳，这也是为什么在早期人们把它当作一种药物。同时，尼古丁也是一种高毒类物质，现在常被用作农业杀虫剂。一支香烟中的尼古丁可以毒死一只小白鼠，大剂量的尼古丁可使人中毒，甚至死亡。

除了尼古丁，香烟燃烧产生的烟雾中至少含有超过2000种有害成分，比如，多环芳烃的苯并芘、苯并蒽，亚硝胺、镉、砷、β-萘胺等，都具有致癌作用。

肺癌是中国死亡率第一的癌症。吸烟时，烟雾被吸入肺部，烟雾中的有害物质停留在肺部，损伤正常的细胞，增加患肺癌的风险。

▲ 未成年人要远离香烟和酒

据统计，肺癌患者中绝大部分与吸烟有关，吸烟患肺癌的概率是不吸烟者的几十倍。此外，还有多种疾病与吸烟有关联。

除了主动吸烟有危害，被动吸二手烟同样也会对健康产生影响。吸烟已经成为危害我们每个人生命健康的强大又冷酷的杀手。因此，我们国家出台了关于禁烟的各种规定和举措。《国务院关于公共场所严禁吸烟的规定》就指出，在影院、会议厅、图书馆、幼儿园、商店、医院等公共场所禁止吸烟，如果有人在公共场所吸烟，那么每个人都有权制止和举报。

《未成年人保护法》第五十九条规定："学校、幼儿园周边不得设置烟、酒、彩票销售网点。禁止向未成年人销售烟、酒、彩票或者兑付彩票奖金。烟、酒和彩票经营者应当在显著位置设置不向未成年人销售烟、酒或者彩票的标志；对难以判明是否是未成年人的，应当要求其出示身份证件。

任何人不得在学校、幼儿园和其他未成年人集中活动的公共场所吸烟、饮酒。"

烟草、酒都会危害人的身体健康，无论是成年人还是未成年人，抽烟、喝酒都会对身体造成损伤，尤其是未成年人，处于身体发育的关键时期，造成的损伤更甚。因此，我们要主动远离烟草和酒，并劝导身边人不吸烟、不喝酒，为身体健康增添一份保障。

**想一想
说一说**

你的家庭中有人长期吸烟吗？

你知道了烟草的危害，会如何对他人进行劝导？

第七节　我满十六周岁了，可以去打工了吗？

工人，是指以工资为生的工业或者手工业劳动者。童工，是指未满十六周岁的儿童或少年工人。

雇佣童工是违法犯罪行为。

知识小课堂

在我们国家的法律法规中都有明确禁止雇佣童工的规定。比如，国务院颁布的《禁止使用童工规定》第二条规定："国家机关、社会团体、企业事业单位、民办非企业单位或者个体工商户均不得招用不满十六周岁的未成年人。"《中华人民共和国劳动法》第十五条规定："禁止用人单位招用未满十六周岁的未成年人。"《未成年人保护法》第六十一条规定："任何组织或者个人不得招用未满十六周岁未成年人，国家另有规定的除外。"

为什么要禁止未满十六周岁的未成年人打工呢？

因为未成年人的身体和心理发育不完全，从事繁重的劳动会给身心带来巨大压力，妨害生长发育。另外，未成年人正是接受教育的时期，如果在这一时期出去打工，那么文化知识必然缺乏，只能从事一些纯体力劳动类的工作。而现代社会，纯体力劳动正在逐渐被机器替代，以后在劳动力市场上的价值会更低。

那么，为什么还会有童工呢？

一方面是因为有些地区不注重未成年人的义务教育，而只注重赚钱，许多未成年人被迫辍学去打工；另一方面，许多企业看中了雇佣童工廉价，容易管理的特点，所以会招收童工。这些都是侵犯未成年人权益的行为。正因为雇佣童工是非法的，所以才会有人偷偷诱拐未成年人到黑作坊、黑煤窑做工，使未成年人受到严重的身心伤害。

那么如果不是他人逼迫，未成年人自己想去打工可以吗？同样不可以。而且正规的单位、企业等都不会录用童工的，这是国家法律的要求，也是每个企业应尽的社会责任。

那么，是不是满十六周岁的未成年人，就可以随意去任何行业和场所打工了呢？

你这么聪明能干，跟着我！我带你赚大钱！

叔叔，我还未成年，不可以工作的！

▲ 拒绝成为童工

答案是不可以。《未成年人保护法》第六十一条规定："营业性娱乐场所、酒吧、互联网上网服务营业场所等不适宜未成年人活动的场所不得招用已满十六周岁的未成年人。

招用已满十六周岁未成年人的单位和个人应当执行国家在工种、劳动时间、劳动强度和保护措施等方面的规定，不得安排其从事过重、有毒、有害等危害未成年人身心健康的劳动或者危险作业。"

虽然年满十六周岁，但是不满十八周岁，仍旧属于未成年人，并不能很好地抵御诱惑或者侵犯。因此，许多行业并不适合未成年人工作，比如上述法律提到的酒吧、KTV、网吧等。

我们每个人都应该遵循生命的发展规律，遵循心理的成长规律，在正确的时候做正确的事。未成年人朝气蓬勃、充满生命力、学习能力强、思维活跃，正是学习的好时机。打工是成年人的事，大多数人成年后都会去工作的，所以珍惜现在的时光，抓紧学习才是正道。

想一想说一说

你生活的地方有童工吗？

你会为了赚钱而去做童工吗？

第五章

网络提供者对未成年人的保护责任

本章简介

随着网络时代和信息时代的到来，网络空间作为家庭、学校、社会等现实世界的延展，已经成为未成年人成长的新环境，未成年人生活、学习、娱乐的方式越来越多地依靠网络。网络对未成年人的影响有利有弊，要趋利避害，让网络在未成年人的成长中发挥有益作用。

新修订的《未成年人保护法》适应了客观形势的需要，增设了"网络保护"专章，对网络保护的理念、网络环境管理、相关企业责任、网络信息管理、个人网络信息保护、网络沉迷防治等作出全面规范，力图实现对未成年人线上线下全方位的保护。

电脑上的"绿色浏览器"是什么？

互联网，一种可以将计算机、手机等设备串联起来的巨大网络，现在已经是我们生活中必不可少的存在。我们视频交流、聊天、看影视剧、打游戏、查信息、查资料，都离不开互联网。

知识小课堂

网络给我们带来的便利是巨大的，只要有网络，我们可以随时随地利用电脑、手机等智能终端设备查找想要的信息、联系想联系的人、发布想发布的心情。但是，网络也潜藏着各种危险和诱惑。

你会不会正在查找一个英语单词时，旁边蹦出一个"占卜算命"的广告；正在观看影视剧时，滚动播出含有性意味的游戏广告；正在看电子书时，蹦出一个穿着暴露的美女图片或赌博广告……当我们不小心或者因为好奇点进去，那么很有可能就掉入了坏人的陷阱，进而有可能带来诸多的风险：电脑被植入病毒、个人信息被盗取、引诱付款等。

即便没有这些潜在危险，单单浏览这些信息，对我们也是一种伤害。这些基本都是不健康信息，有可能涉及淫秽、色情、迷信、赌博等。浏览这些信息，会浪费我们的时间，消耗我们的精力，还有可能让我们沉迷。

▲ 网络上的危险太多了

未成年人的心智不如成年人，对于有诱惑性的不良信息往往无法分辨或者无法抵制。因此，社会有责任对未成年人的上网环境进行保护和净化。

《未成年人保护法》第六十九条规定："学校、社区、图书馆、文化馆、青少年宫等场所为未成年人提供的互联网上网服务设施，应当安装未成年人网络保护软件或者采取其他安全保护技术措施。

智能终端产品的制造者、销售者应当在产品上安装未成年人网络保护软件，或者以显著方式告知用户未成年人网络保护软件的安装渠道和方法。"

网络保护软件是一种可以过滤不良信息的软件，比如"绿色浏览器"等，安装在电脑、手机中，可以自动识别和拦截垃圾信息、色情图片、诈骗信息等，可以净化我们的上网环境。这就好比在自来水管上安装上过滤器，将水中的杂质过滤出去，我们才能喝到干净卫生的水。

有网络保护软件保护的同时，更重要的是我们自己应该意识到如何正确上网，如何正确利用网络信息。这就好比是我们去动物园参观，有一个笼子里关着一只凶猛的老虎。这老虎就像是网络上的不良信息，网络保护软件就像是关住老虎的笼子，避免老虎肆无忌惮地到处乱跑。但是更重要的是，我们要有安全意识，要知道不能靠近笼子，不能投喂老虎，更不能跳进笼子里，这样才能避免受到伤害。

网络也是一样，安装保护软件，可以帮我们过滤掉一些有害的信息，但是我们自己要意识到网络只是一种工具，可以辅助我们查资料、开阔眼界，而且有坏人躲在网络里面准备时刻"诱捕"我们，那我们就自然会对一些有引诱性的弹窗广告、暗示性的信息等产生警惕。这时候，我们就有了初步的网络安全意识，这是自己内心生长出来的保护能力。

等我们可以自己保护自己的时候，我们就是自己的"绿色浏览器"，自然也就不需要网络保护软件了。

**想一想
说一说**

你在平时上网的时候看到过不良信息吗？你是如何对待的呢？

第二节　老师凭什么"没收"我的手机

手机最初只是一种通信工具，便于人们打电话。现在，只单纯拥有通信功能的手机基本已退出了主流市场，智能手机是占据绝对优势的产品。

知识小课堂

智能手机，现代人生活中必备的一件物品。

据统计，我们国家智能手机的使用人数在 2014 年的时候就已经突破了 10 亿。现在，智能手机是绝大多数人都必须配备的一件物品了。

智能手机是一个可以随时带在身上的移动宝库，用它可以聊天、购物、打游戏、刷视频等。手机给人们的生活带来了许多的便利，也满足了人们许多的精神需求。

你每天使用手机的时间是多少？

据统计，2018 年的时候，中国人每天使用手机的时间接近 6 个小时，一天中有四分之一的时间都花费在了手机上。当然，这 6 个小时不排除有用手机来工作或学习的时间，但是比例占到多少呢？我们大部分时间用手机来做什么呢？

我们可以想想，我们有多久没用手机读过一本书了？手机上除了娱乐软件、购物软件、游戏软件外，有没有专门的学习软件、笔记软件、读书软件？

▲ 课堂上不要玩手机

有的人说，我学习很累啊，我需要放松啊，玩手机可以调节心情呀。但是，看手机其实并不是放松，我们在玩游戏、刷视频的时候，大脑仍然在不断接受和分析新的信息，所以常常放下手机感到疲劳。同时，长时间玩手机对视力也会造成一定的伤害。

手机中的应用，五花八门，的确容易让人拿得起，放不下。成年人也会沉迷游戏和手机，追求快乐和刺激是人的本能。但是，这正是我们需要警惕的本能。我们需要明白，学习是我们这一时期的主业，或者说唯一重要的任务。玩手机占用时间和精力、损伤智力、破坏专注力，这些都会影响我们的学习。

《未成年人保护法》中对手机的使用也作了相应规定，第七十条规定："学校应当合理使用网络开展教学活动。未经学校允许，未成年学生不得将手机等智能终端产品带入课堂，带入学校的应当统一管理。"

所以，被老师"没收"手机，由学校统一管理是合理合法的行为。

这项保护规定和我们在上面提到的安装网络保护软件一样，是保护未成年人的一种举措。当然也是一种外部的、被动的举措，其实根源还在于我们自己。最好的方法是，我们认识到手机会侵占我们时间和精力，是偷走我们时间的"小偷"，会耽误我们最重要的事情。然后，我们合理适度使用手机，卸载游戏，珍惜时间。

想一想
说一说

你有智能手机或者其他智能设备吗？

你平常都用它来做些什么呢？

第三节 **我被送去了戒网瘾机构（一）**

我们先来个简单测试。

1. 你是否无法控制自己的上网冲动？

2. 你是否将上网作为解脱痛苦的唯一方法？

3. 每当网络断网或者由于其他原因不能上网时，你是否会感到烦躁不安、情绪低落？

4. 你是否因为迷恋网络而面临学业、工作、人际交往困难？

5. 你是否不想被家人发现你迷恋网络的程度？

如果以上回答都为"是"，那么，你就有可能患上了网络综合征。

知识小课堂

网络综合征，是指人们由于沉迷网络而引发的各种生理、心理障碍。

如何判断自己是否患有网络综合征呢?

首先,网络成瘾的人每天上网时间都很长,每周超过 20 个小时;其次,如果不上网就会情绪低落,甚至烦躁不安;最后,上网时间每次都超过计划,严重影响白天的学习、工作。其他表现还有:人际关系淡漠、上网时精神亢奋但是对现实生活却没有兴趣等。

如果患有网络综合征,或者网络成瘾,对我们有什么危害呢?

网络成瘾大致可以分为网络游戏成瘾、网络交际成瘾、网络购物成瘾等。以网络游戏成瘾来讲,如果长期沉迷于电子游戏,会导致青少年大脑额叶缺血,影响大脑的发育,进而影响智力发育。长期沉迷网络游戏,缺乏锻炼,会使身体素质下降,眼睛、手、颈、肩等都会受到不同程度的损伤。

相较于身体上的损伤,更严重的是心理上的影响。沉迷于网络游戏中的刺激、新奇,会导致无法理智看待现实生活,甚至会产生心理障碍,产生焦虑、抑郁等倾向。而且因为缺乏现实世界中的人际交往和学习交流,进而导致缺乏正常人的情绪、情感,导致内心冷漠。

正因为网络成瘾有如此多的危害，所以一个孩子如果患上网络综合征，对于家长或其他监护人来说，内心是十分焦急的，并且想要快速进行纠正。由此也催发了一种新的行业的产生——戒网瘾机构。

戒网瘾机构的专业水平参差不齐，甚至许多机构根本没有专业的心理医生，依靠打骂、惩罚、不给食物或水、关禁闭甚至是电击等虐待人的身体和心理的方式来戒网瘾，由此造成了不少悲剧。

据报道，安徽的一位家长把自己的儿子送进一家戒网瘾机构两天后，被告知孩子死亡。医院给出的诊断结果是电解质紊乱导致的死亡。后来据这家机构的负责人供述，他们将此学生关入高温房间，铐住双手，并且不给食物和水，最终酿成了一个年轻生命逝去的悲剧。

所以，选择戒网瘾机构必须慎重。《未成年人保护法》第六十八条也规定了："任何组织或者个人不得以侵害未成年人身心健康的方式对未成年人沉迷网络进行干预。"

家长万不可因为心急而盲目选择戒网瘾机构，以伤害未成年人身心为代价的戒网瘾方法不可取。

想一想
说一说

你有网络成瘾的倾向吗？

你听说过戒网瘾中心吗？

第四节　我被送去了戒网瘾机构（二）

我们在上一节提到了网络综合征，也就是沉迷网络的一种疾病。如果有未成年人沉迷网络，严重影响学习和生活，又不能被送进戒网瘾机构，那应该怎么办呢？

知识小课堂

《未成年人保护法》第六十八条规定："新闻出版、教育、卫生健康、文化和旅游、网信等部门应当定期开展预防未成年人沉迷网络的宣传教育，监督网络产品和服务提供者履行预防未成年人沉迷网络的义务，指导家庭、学校、社会组织互相配合，采取科学、合理的方式对未成年人沉迷网络进行预防和干预。"

第七十条规定："学校发现未成年学生沉迷网络的，应当及时告知其父母或者其他监护人，共同对未成年学生进行教育和引导，帮助其恢复正常的学习生活。"

　　《未成年人保护法》中提到了对沉迷网络的未成年人要进行教育、引导、合理的预防和干预。那么，究竟具体该怎么做呢？

　　我们先要了解网络成瘾的原因。沉迷网络的原因大致可以分为两类，即外因和内因。

　　外因包括家庭教育和社会环境的影响。比如，网络游戏的流行，同龄人之间的攀比，家长疏于对孩子的关心、教导，发现孩子有迷恋网络的行为后就实施家庭暴力等。

　　内因与少年儿童的心理发展特点有关。进入青春期的未成年人，对人际交往有渴望，但是却没有经验，身体逐渐发育成熟，对性好奇。这时候，如果没有可信任又有经验的长辈、朋友关心、引领，很可能会产生孤独、空虚、茫然的感觉。网络中各种诱惑信息、虚拟交往、游戏等正好可以满足这种心理需求。未成年人在迷恋网络后，出于逆反心理，厌烦父母的管教，会想办法躲避父母的监视，也会加重对网络的沉迷。

　　预防永远比治疗重要，对于网络沉迷也是如此。那么，如何预防网络沉迷呢？

　　首先，重视家庭教育。

　　家长要在孩子们的心中植入对电子产品的正确观

念，并让孩子清楚地知道沉迷电子游戏或者网络上瘾的危害。这种干预要尽早进行，就像其他安全教育一样——教育孩子不要跟陌生人走、过马路要看两边、不要用湿手触摸插座——防止网络沉迷也应该成为家庭教育的一个重要内容。

另外，家长必须要规范自己的行为，注意自己对孩子不经意之间产生的影响。父母保证家庭和谐并规范自身行为是其必须承担的义务。如果家长自己无节制地上网，却对孩子要求严格，那自然不具有说服力。如果家庭不和谐，父母吵架、使用家庭暴力，那孩子的心理自然会受到影响，有可能转而选择网络，逃避现实。

其次，日常养成上网好习惯。

网络对于现代人来讲是非常重要的工具，关键是看我们如何利用。我们可以通过人为设置一些干预措施。比如我们要上网查询某项资料，预计花费20分钟，那么我们就在15分钟左右定一个闹钟，闹钟一响对我们就是一个提醒。

最后，多发展业余爱好。

据统计，大部分的网瘾孩子都有一个共同点——业余爱好少。正当的业余爱好是有益于身心健康的。少年儿童排遣烦恼只靠网络，是没办法的办法，是最省事的办法，但也是饮鸩止渴的办法。如果有一些正当的业余爱好就会让我们在烦恼、无聊、寂寞的时候，可以有一个与我们自己的内心对话、审视自身的平台，寻找自己内心平静的渴望和自由。

以上都是一些预防措施，那么如果已经对网络沉迷该怎么办？

网络综合征是一种新兴的疾病，对它的研究一直在持续进行中。现在已经有许多正规的机构，依托于专业的心理团队和丰富的医学经验对沉迷网络的少年儿童进行治疗。

我们首先要科学地看待网络综合征，如果症状严重需要戒网瘾，那么在选择戒网瘾机构时，一定要认真筛选和考察其资质，分辨其治疗方式是否科学、符合人性化的标准。选择正规的机构，才可能助我们早日走出网络的深潭，回归正常的生活。

**想一想
说一说**

你身边有网络上瘾的人吗？

你觉得他们可能是因为什么原因导致的呢？

第五节　玩游戏都有时间限制，真没劲

网络上瘾中对网络游戏上瘾占大多数。但是，有的孩子认为自己沉迷游戏是有正当理由——他们在锻炼电竞能力或者想成为专业电竞选手。

知识小课堂

电竞，全称电子竞技，是指利用电子设备作为运动器械进行的人与人之间的智力和体力结合的比拼。

电子竞技是一项专业的体育项目，和滑冰、体操、排球一样，都属于体育竞技项目类。2020 年，电子竞技已经被正式列入亚洲运动会比赛项目。

有的人可能不理解，电竞不就是打游戏吗？怎么还能成为体育项目呢？电竞与打游戏虽然表面上看起来都是在"玩游戏"，但其内在有本质的区别。

首先，电子竞技是体育运动项目，网络游戏只是娱

乐游戏。电子竞技是人与人之间智力、体力的对抗，网络游戏是以追求感受为目的的。

其次，电子竞技和其他体育项目一样，拥有明确统一的比赛规则，有严格的时间和回合限制。网络游戏则没有。

最后，电子竞技注重考验选手的各项综合能力，包括思维、反应、协调能力，团队精神等。网络游戏只需要充值购买顶级装备就能取得优势，这是二者最大的区别。

▲ 限制游戏时间保护未成年人

很多人对电子竞技不了解或有误解，因此就将"电子竞技"直接理解为玩游戏，并且为自己沉迷游戏找到一个冠冕堂皇的理由。

为了防止未成年人沉迷网络游戏，我们国家的法律作了相关的规定。《未成年人保护法》第七十五条规定："网络游戏经依法审批后方可运营。

国家建立统一的未成年人网络游戏电子身份认证系统。网络游戏服务提供者应当要求未成年人以真实身份信息注册并登录网络游戏。

网络游戏服务提供者应当按照国家有关规定和标准，对游戏产品进行分类，作出适龄提示，并采取技术措施，不得让未成年人接触不适宜的游戏或者游戏功能。

网络游戏服务提供者不得在每日二十二时至次日八时向未成年人提供网络游戏服务。"

所以，不论是实行实名登记，还是明确规定网络游戏的时间，都是从防止沉迷、保护未成年人角度出发所做的举措。

除了网络游戏，直播、短视频、聊天等网络服务，也都应当对未成年人设置一定的限制。《未成年人保护法》也作了规定。第七十四条规定："网络产品和服务提供者不得向未成年人提供诱导其沉迷的产品和服务。

网络游戏、网络直播、网络音视频、网络社交等网络服务提供者应当针对未成年人使用其服务设置相应的时间管理、权限管理、消费管理等功能。

以未成年人为服务对象的在线教育网络产品和服务，不得插入网络游戏链接，不得推送广告等与教学无关的信息。"

未成年人可能会觉得这些是对自己的限制，但是保护和限制从来就是相关联的。绝对的自由是不存在的，没有约束的自由往往会令人走向堕落。

但是也有未成年人确实是心怀电竞梦想，如果自己真的对电竞感兴趣，那就需要了解电竞。

成为专业的电竞选手是需要长期的专业训练的，就像运动员无数次重复地训练动作与肌肉一样。很多人接触到了专业、严格、高强度的电竞训练，可能就会发现自己只是喜欢轻松的游戏，觉得电竞太"难"了，自己想得太简单了，可能就会放弃当初的想法。

其实，电竞与社会上的其他职业一样，而且一旦选择，就需要经过巨大的努力才有可能做出成绩，赢得比赛。所以，别拿电竞作为逃避现实生活的借口，毕竟掩耳盗铃没有什么好结果！

想一想
说一说

你觉得电竞与玩游戏有什么区别？

电竞的兴起会对玩游戏的人产生鼓励作用吗？

第六节 我被"网络欺凌"了

我们在前面的章节提到过发生在校园、学生间的欺凌，其中发送歧视性短信、邮件等间接欺凌，就属于网络欺凌。

知识小课堂

网络欺凌，又叫作网上欺凌，是指利用社交媒体、游戏平台、手机等，对他人进行恐吓、激怒、羞辱等。

常见的网络欺凌，除了上面提到的利用短信、邮件等发送歧视性、侮辱性的语言，还有在社交媒体上散播有关他人的不实言论或者发布刻意丑化的照片、冒用他人名义发送恶意信息、孤立、抵制他人等。

网络欺凌给受害人带来的伤害是，让受欺凌者感到尴尬、愤怒、羞耻，严重的还可能陷入焦虑、对生活失去兴趣等。

有这样一个典型的案例，某学校的同学宋某某和王某某，两人发生了一些小矛盾后，宋某某便开始在朋友圈、学校的贴吧等网络平台传播王某某的隐私，并谩骂王某某。很多不明真相的人也跟帖辱骂。在经受将近一年的网络欺凌后，王某某因为不堪压力选择了自杀，好在发现及时，没有造成生命危险。

由此可见，网络欺凌对未成年人可以造成巨大的伤害，甚至可能酿出悲剧。

很多人在实施网络欺凌时，可能并没有意识到这样做会有什么后果，或者意识不到这是"欺凌"，可能以为只有现实中的殴打、辱骂他人才算欺凌。再加上在网络中散布侮辱他人的言论，感觉这一切发生在一个遥远的空间，隔着屏幕和网线，谁也不能把我怎么样，于是便有恃无恐。

如果遭遇网络欺凌，我们应该怎么办？自己默默承受？怼回去？以暴制暴？这些可能会伤害自己或他人的做法都是不值得提倡的。

首先，我们不要报复，从受害者变成欺凌者，这样并不会使你感觉好受。研究表明，无论是欺凌者还是受害者，其抑郁、焦虑和压力指数都较高，更容易形成心理问题。

其次，我们应该保存证据，便于维权。

最后，我们要向家长、监护人或老师等求助。

《未成年人保护法》第七十七条规定："任何组织或者个人不得通过网络以文字、图片、音视频等形式，对未成年人实施侮辱、诽谤、威胁或者恶意损害形象等网络欺凌行为。

遭受网络欺凌的未成年人及其父母或者其他监护人有权通知网络服务提供者采取删除、屏蔽、断开链接等措施。网络服务提供者接到通知后，应当及时采取必要的措施制止网络欺凌行为，防止信息扩散。"

未成年人因为自身心理特点的原因，对于很多的是非并不明确，可能对别人实施了网络欺凌或者成为网络欺凌的被害者也并不自知。这就要求家庭、学校、社会、网络服务提供者等各方面加强对未成年人的网络安全教育，让我们对自己的行为有更明确的认知，不去做伤害他人的事，同时被伤害了也不只是一味忍气吞声。

**想一想
说一说**

你经历过网络欺凌吗？

如果你遇到了网络欺凌会怎么办？

第七节　我要举报

　　我们在前面的小节中提到了上网的安全问题，我们已经知道一些含有迷信、赌博、色情等的信息或广告等会危害网络安全。那除此之外，还有哪些是危害网络安全的信息呢？如果我们看到这样的信息应该怎么办？

知识小课堂

　　《中华人民共和国网络安全法》第十二条规定："任何个人和组织使用网络应当遵守宪法法律，遵守公共秩序，尊重社会公德，不得危害网络安全，不得利用网络从事危害国家安全、荣誉和利益，煽动颠覆国家政权、推翻社会主义制度，煽动分裂国家、破坏国家统一，宣扬恐怖主义、极端主义，宣扬民族仇恨、民族歧视，传播暴力、淫秽色情信息，编造、传播虚假信息扰乱经济秩序和社会秩序，以及侵害他人名誉、隐私、知识产权和其他合法权益等活动。"

由此我们可以知道，危害网络安全的情形非常多，比如，发布诋毁国家荣誉的言论，污蔑中国政府的言论，宣扬暴力的言论都是危害网络安全，甚至是危害国家安全的信息。

此外，还有发布含有民族歧视的言论，或者发布类似"经济要崩溃了"的言论，网络欺凌（即侵害他人名誉、隐私权的情况）也都是危害网络安全的情形。

那么，如果我们看到了这样的信息或者遇到类似的情形，应该怎么办呢？

我们应该进行举报。

《未成年人保护法》第七十八条规定："网络产品和服务提供者应当建立便捷、合理、有效的投诉和举报渠道，公开投诉、举报方式等信息，及时受理并处理涉及未成年人的投诉、举报。"

一般在我们浏览的网页、游戏界面、购物界面等都可以找到"投诉举报"的按钮，如果我们发现有危害网络安全的情况，就可以点击进去，按照提示填写相应信息，然后提交。相关部门收到举报就会对你反映的信息做出分析处理。

《中华人民共和国网络安全法》第十四条规定："收到举报的部门应当及时依法作出处理；不属于本部门职责的，应当及时移送有权处理的部门。"

警察叔叔，有个人很奇怪，好像是间谍……

小朋友，你真棒。

▲ 有问题要举报

另外，维护网络安全是我们每个人的责任和权利。

《未成年人保护法》第七十九条规定："任何组织或者个人发现网络产品、服务含有危害未成年人身心健康的信息，有权向网络产品和服务提供者或者网信、公安等部门投诉、举报。"

《中华人民共和国网络安全法》第十四条规定："任何个人和组织有权对危害网络安全的行为向网信、电信、公安等部门举报。"

那我要是举报或者投诉了有关威胁网络安全的信息，我会受到报复吗？

这个不用担心，《中华人民共和国网络安全法》中规定："有关部门应当对举报人的相关信息予以保密，保护举报人的合法权益。"

我们现在的生活已经离不开网络，但是总有一些别有用心的人会想方设法危害网络安全，这就像我们生活的城市总是有人随地乱扔垃圾一样。网络关系到我们每个人的日常生活，我们每个人都有权利去投诉、举报乱在网络上"扔垃圾"的人，维护网络环境的干净整洁。

想一想说一说

你在网络上有没有看到过不良信息？

如果看到了不良信息，你会选择举报吗？

第六章
政府对未成年人的保护责任

本章简介

　　未成年人是国家的未来，国家有义务和责任保护与保障每一位未成年人健康成长。落实国家责任，最重要的环节之一就是明确政府及有关部门的职责，有效保障和不断促进未成年人的福利。政府在未成年人保护工作中承担着主体责任。新修订的《未成年人保护法》增设了"政府保护"专章，明确各级政府应当建立未成年人保护工作协调机制，细化政府及其有关部门的职责，并对国家监护制度作出了详细规定。值得指出的是，为了进一步拓展未成年人保护工作渠道，及时发现侵害未成年人权益的情形，更加方便、快捷、有效地保护未成年人，解决未成年人保护线索发现难、报告难、干预难、联动难、监督难的问题，《未成年人保护法》规定了县级以上人民政府开通全国统一的未成年人保护热线的职责，要求及时受理、转介侵犯未成年人合法权益的投诉、举报；鼓励和支持人民团体、企业事业单位、社会组织参与建设未成年人保护服务平台、服务热线、服务站点，提供未成年人保护方面的咨询、帮助。

第一节　政府保障我们受教育的权利

《中华人民共和国义务教育法》（以下简称《义务教育法》）是为了保障适龄儿童、少年接受义务教育的权利，保证义务教育的实施，提高全民族素质，根据宪法和教育法而制定的法律。

知识小课堂

1986 年 4 月 12 日，《中华人民共和国义务教育法》由第六届全国人民代表大会第四次会议通过，1986 年 7 月 1 日起施行。目前最新版本的《中华人民共和国义务教育法》是根据 2018 年 12 月 29 日第十三届全国人民代表大会常务委员会第七次会议《关于修改〈中华人民共和国产品质量法〉等五部法律的决定》第二次修正。

《义务教育法》总共包含八章、六十三条。具体内容涉及学生、学校、教师、教育教学、经费保障、法律责任等方面。规定了各方的责任义务，并明确了法律责任，用以保护学生、教师、学校等的合法权益。《义务教育法》的制定、实施以及不断修改，目的是保障儿童、少年接受义务教育的权利。

《义务教育法》由全国人民代表大会会议通过，由人民政府作为国家权力的执行机关执行。人民政府有责任保障《义务教育法》的顺利实施。

除了《义务教育法》，《未成年人保护法》规定了各级人民政府负有保障未成年人受教育的权利，第八十三条规定："各级人民政府应当保障未成年人受教育的权利，并采取措施保障留守未成年人、困境未成年人、残疾未成年人接受义务教育。"

人民政府保障未成年人接受教育，是包括所有未成年人的，无论是留守未成年人、困境未成年人，还是残疾未成年人。

那么如何保障呢？《未成年人保护法》也有相关规定。第八十三条规定："对尚未完成义务教育的辍学未成年学生，教育行政部门应当责令父母或者其他监护人将其送入学校接受义务教育。"

这是人民政府对父母和监护人实施命令的权利。

《未成年人保护法》第八十五条规定："各级人民政府应当发展职业教育，保障未成年人接受职业教育或者职业技能培训，鼓励和支持人民团体、企业事业单位、社会组织为未成年人提供职业技能培训服务。"

这是人民政府保障未成年人接受职业教育的权利。

除了普通的儿童、少年，对于一些特殊的未成年人的教育，同样不能落下。《未成年人保护法》第八十六条规定："各级人民政府应当保障具有接受普通教育能力、能适应校园生活的残疾未成年人就近在普通学校、幼儿园接受教育；保障不具有接受普通教育能力的残疾未成年人在特殊教育学校、幼儿园接受学前教育、义务教育和职业教育。

各级人民政府应当保障特殊教育学校、幼儿园的办学、办园条件，鼓励和支持社会力量举办特殊教育学校、幼儿园。"

可以说，为了保障未成年人的受教育权利，我们的国家付出了巨大的努力，也赋予了人民政府更高的要求和更多的责任。

《中华人民共和国未成年人保护法》知识

想一想
说一说

你知道义务教育的来历吗?

为了保障未成年人的受教育权利,你知道政府做了哪些工作吗?

第二节　政府保障我们的人身安全和身心健康

校园，我们学习知识的地方，这里是绝大多数未成年人接受教育、度过人生中重要阶段的地方。因此，保障未成年人在校园的安全，是保护未成年人的重要内容。

知识小课堂

我们在前面的章节提到过学生欺凌、校园暴力等问题，都属于校园安全的范畴。除此之外，校园安全还包括上体育课和运动会的运动安全、发生火灾、遇到盗窃、遇到诈骗等。

校园安全直接关系到未成年人的身心健康，因此建立完善的校园安全制度，并保障未成年人在校园段的安全，是一项重大又艰巨的责任。除了学校、老师有责任外，政府也肩负有重要的责任。

《未成年人保护法》第八十七条规定："地方人民政

府及其有关部门应当保障校园安全，监督、指导学校、幼儿园等单位落实校园安全责任，建立突发事件的报告、处置和协调机制。"

人民政府对学校、幼儿园的监督，以及建立突发事件的应对机制，可以说是进一步保障了校园安全规定、措施的落实，为未成年人在校园的人身安全多提供了一层保障。

另外，《未成年人保护法》第八十八条规定："公安机关和其他有关部门应当依法维护校园周边的治安和交通秩序，设置监控设备和交通安全设施，预防和制止侵害未成年人的违法犯罪行为。"

如果我们用心观察，就会发现，在学校附近都会有一些交通安全设施，比如学校门口的减速带、护栏、禁止机动车停车的黄色网格线、过马路的斑马线、减速慢行的指示标志等。这些都是相关部门设置的安全设施，目的是引起行人、机动车的注意，在学校区域要格外注意安全，避免发生安全事故，从而保障学生的人身安全。

政府不但保障了我们基本的人身安全，还对我们的身体健康和心理健康也关怀入微。

《未成年人保护法》第九十条规定："各级人民政府及其有关部门应当对未成年人进行卫生保健和营养指导，提供卫生保健服务。

卫生健康部门应当依法对未成年人的疫苗预防接种进行规范，防治未成年人常见病、多发病，加强传染病防治和监督管理，做好伤害预防和干预，指导和监督学校、幼儿园、婴幼儿照护服务机构开展卫生保健工作。"

勤洗手、勤通风、营养均衡、不挑食、按时接种各类疫苗等都是深入人心的常识，而在这背后，是政府的各个部门不遗余力的宣传和保障实施。

除此之外，未成年人的心理健康也是政府关心的大事，《未成年人保护法》规定："教育行政部门应当加强未成年人的心理健康教育，建立未成年人心理问题的早期发现和及时干预机制。卫生健康部门应当作好未成年人心理治疗、心理危机干预以及精神障碍早期识别和诊断治疗等工作。"

政府关心未成年人的健康成长，从保障未成年人的人身安全、身体健康、心理健康等各个方面给予关怀和指导，并以法律的形式确定下来，这成为给未成年人遮风挡雨的重要保护伞。

想一想
说一说

你们学校会教授安全常识吗？

你按时接种了疫苗吗？

你知道我们接受的安全教育和享受到的保护背后都有政府部门默默的工作和付出吗？

第三节　看到同龄人乞讨，应该报告给谁?

如果我们在某地看到有未成年人流浪乞讨，我们应该如何帮助他? 我们可以向政府求助吗? 如果可以的话，我们应该求助什么部门呢?

知识小课堂

这里我们需要知道政府机构的体系和一些机构负责的事务。

我们国家的政府机构体系包括：全国人民代表大会；中华人民共和国主席；中华人民共和国国务院（即中央人民政府）；中华人民共和国中央军事委员会；地方各级人民代表大会和地方各级人民政府；民族自治地方的自治机关；人民法院和人民检察院。

中华人民共和国民政部（以下简称民政部）是中央人民政府下属部门。

民政部下属许多部门，比如，社会事务司、慈善事业促进和社会工作司、儿童福利司等。每个部门负责的工作很多，比如慈善事业促进和社会工作司负责的工作有福利彩票、慈善和志愿服务处；儿童福利司负责的工作有儿童福利、儿童收养和儿童救助等。所以，民政部负有儿童救助等保护未成年人的职责。

因此，如果我们看到有未成年人流浪或乞讨的情况，可以拨打当地民政部门的热线，或者直接报告给民政部门，民政部门的相关机构和人员会进行救助。

关于这一点，《未成年人保护法》中也有明确规定，第九十二条规定："具有下列情形之一的，民政部门应当依法对未成年人进行临时监护：

（一）未成年人流浪乞讨或者身份不明，暂时查找不到父母或者其他监护人；

（二）监护人下落不明且无其他人可以担任监护人；

（三）监护人因自身客观原因或者因发生自然灾害、事故灾难、公共卫生事件等突发事件不能履行监护职责，导致未成年人监护缺失；

（四）监护人拒绝或者怠于履行监护职责，导致未成年人处于无人照料的状态；

（五）监护人教唆、利用未成年人实施违法犯罪行为，未成年人需要被带离安置；

（六）未成年人遭受监护人严重伤害或者面临人身安全威胁，需要被紧急安置；

（七）法律规定的其他情形。"

我们知道，未成年人没有自己的生活来源，必须得在监护人的监护下才能保障生活。所以，一旦未成年人因为一些原因（比如，监护人去世、监护人失踪、监护人危害到未成年人的人身安全等）而导致监护人缺失，或者不适宜和现有的监护人一起生活，那么此时，就需要有可靠的、可信任的政府单位来承担起照料、教养未成年人的责任。

这个负担起未成年人监护人职责的部门就是民政部门。民政部门会依法接管未成年人的监护权，对未成年人进行临时监护。

**想一想
说一说**

未成年人如果遭受到了监护人的伤害，应该去找什么部门？

第四节 孤儿由谁来照顾？

孤儿，是指失去父母、查找不到亲生父母的未满十八周岁的未成年人。没有父母，而且长期没有监护人，那孤儿如何生活，应该由谁来照顾、抚养呢？

知识小课堂

孤儿应该由政府来照顾、抚养。

《未成年人保护法》第九十四条规定："具有下列情形之一的，民政部门应当依法对未成年人进行长期监护：

（一）查找不到未成年人的父母或者其他监护人；

（二）监护人死亡或者被宣告死亡且无其他人可以担任监护人；

（三）监护人丧失监护能力且无其他人可以担任监护人；

（四）人民法院判决撤销监护人资格并指定由民政部门担任监护人；

（五）法律规定的其他情形。"

国家的民政部门是如何照顾、抚养孤儿的呢？

儿童福利院是由民政部门兴办的，专门为孤儿设立的机构。

有的人可能不理解，每个人不都有爸爸妈妈和自己的家庭吗？为什么需要专门设立儿童福利院？我们日常生活中可能感觉不到，但是在我们国家，孤儿是一个庞大的群体。根据民政部门的统计数据，截至 2019 年底，全国共有孤儿 23.3 万人。不是每个未成年人都有可以在自己父母的监护下、在自己的家庭中度过童年的机会。

这么多的孤儿都是如何生活的呢？

一部分孤儿是和父母以外的亲人生活，如果孤儿无依无靠，而且没有人抚养，那么就会由儿童福利院担负起抚养孤儿的责任。

孤儿既是未成年人，又缺失了监护人，很多时候无法照顾自己，因此需要额外的关照。

《未成年人保护法》规定："县级以上人民政府及其民政部门应当根据需要设立未成年人救助保护机构、儿童福利机构，负责收留、抚养由民政部门监护的未成年人。"

在儿童福利院里，孤儿们会受到全方位的照顾。在这里，婴幼儿会以保育为主，到了上幼儿园的年纪，也同样会接受学龄前教育。到了法律规定的上学年龄，也会正常上学。如果是智力发育不健全的孤儿，会侧重训练他们的生活自理能力和从事简单劳动的能力。对于智力健全但是身体残疾的孤儿，也会针对性地让其接受技能培训，取得一技之长，增添以后生活的保障。

孤儿可以被收养，但民政部门要负责对收养人的审核评估。

《未成年人保护法》第九十五条规定："民政部门进行收养评估后，可以依法将其长期监护的未成年人交由符合条件的申请人收养。收养关系成立后，民政部门与未成年人的监护关系终止。"

儿童福利院是国家的福利机构，是孤儿的家园，担任着监护人的责任，对未成年人负有教养、保护的责任。这里为失去父母的未成年人提供了一个温暖的港湾。

想一想
说一说

你知道儿童福利院吗？

对于这样一群和我们同龄、但却失去父母关爱的孩子，你想为他们做些什么吗？

第五节 如果受到侵犯，就打保护电话

未成年人保护热线，是保护未成年人合法权益的热线电话。如果未成年人遭受了侵害或者遇到了心理问题，都可以拨打这个热线。

知识小课堂

未成年人保护热线的电话号码究竟是什么呢？

2020年9月起，民政部确定江西省、广西壮族自治区、贵州省、山西省、青海省5个省（区），内蒙古自治区包头市，辽宁省大连市，江苏省苏州市，浙江省杭州市、台州市、衢州市，河南省洛阳市，湖北省武汉市、荆州市、孝感市、鄂州市，广东省广州市，四川省德阳市、广元市等14个市为全国统一的儿童救助保护热线试点地区。统一设置热线号码为"12349"。

有些城市的未成年人保护热线与市长热线相同，都是"12345"，比如北京市、上海市等。

《未成年人保护法》第九十七条规定："县级以上人民政府应当开通全国统一的未成年人保护热线，及时受理、转介侵犯未成年人合法权益的投诉、举报；鼓励和支持人民团体、企业事业单位、社会组织参与建设未成年人保护服务平台、服务热线、服务站点，提供未成年人保护方面的咨询、帮助。"

这也就是说，县级以上的人民政府都需要开通未成年人保护热线。因此，我们到政府公开网站上可以查询相关的热线信息。

什么情况下，我们可以拨打未成年人保护热线电话呢？

未成年人保护热线受理内容包括：未成年人救助保护相关政策法规咨询服务，各类侵害未成年人权益案件线索、未成年人心理问题疏导、情绪抚慰等服务，帮扶转介服务，未成年人生活困难求助受理等。

遭受家暴、遇到心理问题的未成年人可以拨打未成年人保护热线进行维权或获得帮助。其他人发现流浪乞讨儿童、拐卖儿童等侵害未成年人的情况，也可以拨打热线电话举报或反映情况。民政部门接到电话后，根据实际情况开展救扶、帮助等。

为了能够使帮助未成年人的规定切实可行，《未成年人保护法》还作了其他相关辅助规定。

比如第九十八条规定："国家建立性侵害、虐待、拐卖、暴力伤害等违法犯罪人员信息查询系统，向密切接触未成年人的单位提供免费查询服务。"

▲ 打电话求助

向密切接触未成年人的单位，比如儿童福利院或者学校开放犯罪人员的查询系统，可以说是大大便利了追溯犯罪人员信息的过程，也便于提高这些单位的防范能力。

为了能够从更加科学、专业的角度帮助未成年人疏导心理问题,《未成年人保护法》中还作了如下规定:"地方人民政府应当培育、引导和规范有关社会组织、社会工作者参与未成年人保护工作,开展家庭教育指导服务,为未成年人的心理辅导、康复救助、监护及收养评估等提供专业服务。"

这就是发动庞大的社会力量,一起关爱和保护未成年人。"众人拾柴火焰高",让全社会都重视未成年人的成长,未成年人一定会有更好的成长环境和心理素质,我们国家的未来也会越来越好。

**想一想
说一说**

你知道你所在的地区或城市的未成年人保护热线吗?

如果遇到了心理问题或遭到侵害,你会拨打这个热线电话吗?

第七章
司法机关对未成年人的保护责任

我要跟着
妈妈生活。

本章简介

　　未成年人司法保护主要涉及四个方面的内容：一是司法活动中对未成年人保护的共性要求；二是特定类型民事案件中对未成年人的保护；三是刑事案件中对未成年被害人的保护；四是对违法犯罪未成年人的保护。新修订的《未成年人保护法》细化了之前未成年人司法保护专章和刑事诉讼法未成年人刑事案件诉讼程序专章的有关内容，进一步强调司法机关专门化问题，如专门的未成年人警务、未成年人检察、未成年人审判（少年法庭和家事法院）、未成年人刑事执行和教育矫正。同时，补充完善了相关规定，以实现司法环节的未成年人保护全覆盖，主要包括：设立检察机关代为行使诉讼权利制度，细化规定中止和撤销监护人资格的制度，规定刑事案件中对未成年被害人的保护措施等。此外，规定未成年被害人、证人必须出庭时，要求必须采取保护其隐私的技术手段；询问未成年被害人、证人时，要求采取同步录音、录像等措施，尽量一次完成；对违法犯罪的未成年人依法处罚后，在升学、就业等方面不得歧视。

第一节　司法机关及其职责

我们在前面的章节提到了政府机构，我国政府机构中的人民法院和人民检察院都属于司法机关。司法机关是行使司法权的国家机关。

知识小课堂

"司法"是什么意思？"司"，是主管、操作的意思，"法"，是法律。"司法"是指国家司法机关以及司法人员，依照法定的职权和法定程序，具体运用法律处理案件的专门活动。

我们国家的司法机关包括公安机关、人民法院、人民检察院等。

公安机关负有维护国家安全、维护社会治安秩序的重要责任。在我们国家，公安机关还是我们最为熟知的人民的主心骨，"有困难找警察"是我们共同的认知。

人民法院是我们国家的审判机关。人民法院分为最高人民法院、地方各级人民法院等。那么，审判机关是做什么的呢？

审判机关拥有审判权，简单地说就是使用审判权来惩治犯罪、解决纠纷。审判机关作出的判决具有法律效力，下达判决就要依法执行。比如，一个性侵未成年人的罪犯在被告上法庭后，由法院作出判决，判处多少年徒刑，罪犯就会被执行刑期；一对离婚的夫妻因为孩子抚养权的问题告上法庭，法庭也会解决纠纷，最后判决孩子跟随父母的哪一方，夫妻双方也要按判决执行。

审判机关审理案件，除法律规定的特别情况外，一律公开进行。人民法院依照法律规定代表国家独立行使审判权，不会受到任何行政机关、社会团体和个人的干涉。

人民检察院是国家法律的监督机关。具体如何监督呢？

▲ 有困难找警察

人民检察院对国家机关及其工作人员和公民是否遵守宪法和法律进行监督，保障宪法和法律的统一实施。比如，对公安机关提交起诉的案件进行审查、对人民法院的审判活动实行监督等。

同人民法院独立行使国家审判权一样，人民检察院依照法律独立行使检察权，不受任何行政机关、社会团体和个人的干涉。

公安机关、人民法院、人民检察院都是我们国家的司法机关，他们依照法定的职权和法定程序，运用我们现有的各种法律来处理形形色色的案件，维护国家的秩序，保卫我们的权益。

可以说司法机关是国家法律的代言者。每当有案件要处理，他们就会以各类法律条文为依据，打击罪犯，还受害者以公道。

**想一想
说一说**

你知道你所在的地区或城市的公安机关、人民法院和检察院所在地吗？

第二节 司法机关执法中的人性化

司法机关手握司法权，办理案件雷厉风行，给人的感觉似乎是冰冷坚硬、不近人情的，其实司法机关在执法过程中是充满人性化的。尤其是当司法机关面对未成年人这一群体时，因为他们的心智发育特点和特殊的心理特点，不能把他们当作成年人来对待，所以对他们格外的关怀。

知识小课堂

我们可以从《未成年人保护法》的许多条款中看到，法律对于司法机关的执法方式作了细致的规定。

《未成年人保护法》第一百零一条规定："公安机关、人民检察院、人民法院和司法行政部门应当确定专门机构或者指定专门人员，负责办理涉及未成年人案件。办理涉及未成年人案件的人员应当经过专门培训，熟悉未成年人身心特点。专门机构或者专门人员中，应当有女性工作人员。"

这条规定十分详细，首先，司法机关办理涉及未成年人的案件时，需要由经过专门培训的人员负责。其次，这些专业人员中需要有女性工作人员。这就将未成年人当作一个需要特殊看待的群体来对待，同时女性工作人员的细腻和亲和力等也会减少未成年人的防备、恐惧等心理。这是司法机关在执法过程中人性化的体现。

同样的，在第一百一十二条中规定："公安机关、人民检察院、人民法院办理未成年人遭受性侵害或者暴力伤害案件，在询问未成年被害人、证人时，应当采取同步录音录像等措施，尽量一次完成；未成年被害人、证人是女性的，应当由女性工作人员进行。"

这一条款的规定，可以说考虑得也十分周到。如果让遭受性侵或者暴力伤害的人，一次次提起当时的过程是十分残忍和痛苦的，而在司法机关办理案件过程中避免不了要经历这样的过程。因此，《未成年人保护法》针对这种情况作了明确规定，"采取同步录音录像""尽量一次完成"，这样就最大限度地避免让未成年人经历重复回忆的"二次伤害"。而且在遇到被害人或者证人是女性的情况下，司法机关也应当派出女性工作人员进行询问等工作，避免男性工作人员给被害人或证人带来尴尬和难堪。这也是司法机关执法过程中人性化的表现。

对于一些未成年的犯罪嫌疑人或被告人，法律同样要求司法机关保持人性化的执法过程，他们同样拥有人权。

《未成年人保护法》第一百一十条规定："公安机关、人民检察院、人民法院讯问未成年犯罪嫌疑人、被告人，询问未成年被害人、证人，应当依法通知其法定代理人或者其成年亲属、所在学校的代表等合适成年人到场，并采取适当方式，在适当场所进行，保障未成年人的名誉权、隐私权和其他合法权益。

人民法院开庭审理涉及未成年人案件，未成年被害人、证人一般不出庭作证；必须出庭的，应当采取保护其隐私的技术手段和心理干预等保护措施。"

第一百一十三条规定："对违法犯罪的未成年人，实行教育、感化、挽救的方针，坚持教育为主、惩罚为辅的原则。

对违法犯罪的未成年人依法处罚后，在升学、就业等方面不得歧视。"

　　这些对执法过程中的人性化规定，都是为了维护未成年人的心理健康，为了不给未成年人造成多余的伤害。这点点人性化的规定，就像是点缀在法律肃穆的黑夜中的点点繁星，散发着人性的光辉。

想一想
说一说

　　你觉得法律中人性化的规定有必要吗？你有什么自己的看法？

第三节 父母离婚，我可以决定跟着谁吗？

我国法律规定，十八周岁以上的成年人或十六周岁以上的、以自己劳动收入为主要生活来源的自然人为完全民事行为能力人。

八周岁以上的未成年人为限制民事行为能力人。

不满八周岁的未成年人为无民事行为能力人。

知识小课堂

在我们国家，公民的权利不受限制，比如，所有人在法律面前一律平等，每个人都拥有宗教信仰自由、人格权等。但是，公民的行为能力则不同。完全民事行为能力人可以独立进行民事活动；限制民事行为能力人只能实施与其年龄、智力相适应的民事活动，其他活动须由其法定代理人行使或征得其法定代理人同意；无民事行为能力人的民事活动由其法定代理人进行。

也就是说，完全民事行为能力人具有完全民事行为能力，能够完全认识和判断自己民事行为的后果，因此应对自己行为产生的后果承担法律责任；限制民事行为能力人，只对与其认识能力、行为能力相适应的民事行为承担责任，其他民事行为对其不产生法律上的后果；无民事行为能力人对其行为产生的后果不承担法律责任。

我们知道，八周岁以上的未成年人属于限制民事行为能力人，因此可以进行与其能力相适应的民事活动。

那什么是与其能力相适应的民事活动？

▲ 我们可以自主选择监护人

比如，一位十周岁的小学生想要购买几支铅笔或一本新版的字典，这是他可以决定的，但是如果他想要买一台新的电脑，就需要经过法定代理人（爸爸妈妈）的同意。

在司法中，未成年人的民事权利又有哪些呢？

《未成年人保护法》第一百零二条规定："公安机关、人民检察院、人民法院和司法行政部门办理涉及未成年人案件，应当考虑未成年人身心特点和健康成长的需要，使用未成年人能够理解的语言和表达方式，听取未成年人的意见。"

这尊重了未成年人的人格尊严权利。

第一百零七条规定："人民法院审理离婚案件，涉及未成年子女抚养问题的，应当尊重已满八周岁未成年子女的真实意愿，根据双方具体情况，按照最有利于未成年子女的原则依法处理。"

对于离婚案件，我们印象中往往是大人决定一切，小孩子的意见根本不重要。其实这是忽略了未成年人的真实意愿，是不尊重未成年人的表现。八周岁以上的未成年人已经属于限制民事行为能力人，有自己的基本判断，因此在父母离婚案件中，孩子的想法也很重要，需要认真听取和考虑。

那么，未成年人在面对父母离婚的情况，只能做出"二选一"的选择吗？

不一定。

《未成年人保护法》第一百零八条规定："未成年人的父母或者其他监护人不依法履行监护职责或者严重侵犯被监护的未成年人合法权益的，人民法院可以根据有关人员或者单位的申请，依法作出人身安全保护令或者撤销监护人资格。

被撤销监护人资格的父母或者其他监护人应当依法继续负担抚养费用。"

如果遇到监护人侵犯过未成年人的情况，司法机关会作出最有利于未成年人的判决。

想一想说一说

你今年几岁？属于限制民事行为能力人吗？

你知道自己能做什么，不能做什么吗？

第四节 我也有继承权吗?

继承权是指继承人依法取得被继承人遗产的权利。

继承权在法律上有什么规定呢？未成年人有继承权吗？

知识小课堂

《民法典》第一千一百二十六条规定：“继承权男女平等。”

第一千一百二十七条规定：“遗产按照下列顺序继承：

（一）第一顺序：配偶、子女、父母；

（二）第二顺序：兄弟姐妹、祖父母、外祖父母。

继承开始后，由第一顺序继承人继承，第二顺序继承人不继承。没有第一顺序继承人继承的，由第二顺序继承人继承。”

由此可见，法律规定的继承权一般是按照亲缘关系来确定的（被继承人另立遗嘱的除外），并不按照是不是未成年人来确定。因此未成年人也拥有继承权，这也是我国公民基本的民事权利之一。比如，一个十岁的孩子，其父母因意外去世，那么他就是法定的第一顺序继承人之一。

那么，如果孩子与父母不是亲生关系，是收养关系，也可以继承吗？

答案是可以的。

《民法典》规定："本编所称子女，包括婚生子女、非婚生子女、养子女和有扶养关系的继子女。"

我们国家的司法机关是如何保护未成年人的继承权的呢？

《未成年人保护法》第一百零七条规定："人民法院审理继承案件，应当依法保护未成年人的继承权和受遗赠权。"

其实，我们每个人的继承权都受到法律的保护，但是未成年人的继承权要更加重视。这还是与未成年人的身心发展规律和未成年人的民事行为能力有关。

我们在前面提到过民事权利能力与民事行为能力的差异。民事行为能力是能够以自己的行为取得权利、承担义务的能力或者资格；民事权利能力是自然人享有权利、承担义务的能力或资格。两者之间最根本的区别体现在民事行为能力强调是以自己的行为来取得权利、承担义务。公民的民事权利能力从出生就有，一直到死亡，而民事行为能力则不同，根据不同的年龄等条件受到限制。

比如，一个五岁的孩子能不能独自买卖房屋？从能力上来讲，不能。五岁的孩子明显没有这样的行为能力，不可能去办理这样的事情。但是，他有这样的权利，他的法定代理人可以帮他代办。

未成年人和成年人不一样，不是完全民事行为能力人，不能完全以自己的行为来取得权利、承担义务，很多时候都是由法定代理人来代办的。代办的过程中很可能就会有侵犯未成年人权益的地方，而未成年人因为法律知识欠缺、行为能力欠缺等，无法维护自己的权益。

因此，司法机关在审理涉及关于继承的案件时，便负有保护未成年人的继承权的职责。

**想一想
说一说**

除了继承权是我们拥有的合法权利以外，你还知道我们拥有哪些权利？

第五节　如何用法律手段维护自己的权益？

　　如果未成年人身心或合法权益受到侵害，比如被家暴、被性侵或者被侵犯肖像权、继承权等，需要求助于法律的时候，具体应该怎么做呢？

知识小课堂

　　诉讼，是指向司法机关提出控告、申诉，要求评判是非曲直。

　　法定代理人，是指代理无诉讼行为能力的当事人进行诉讼，直接行使诉讼代理权的人。

　　无诉讼行为能力人是指有诉讼权利能力但是没有诉讼行为能力的人。无诉讼行为能力人只能通过法定代理人或者是法定代理人委托的诉讼代理人代为实施诉讼行为。

未成年人一般都属于无诉讼行为能力人。所以当未成年人有诉讼需求的时候，就需要由其法定代理人代为办理。

法定代理人的法律地位相当于当事人，其代理权限不受限制，可以行使被代理人享有的全部权利。

未成年人的监护人就是其法定代理人。

我们在前面提到过一个例子，就是一个五岁的未成年人（无民事行为能力人）买卖房屋，可以由其法定代理人来行使权利。

同样的，如果是未成年人的合法权益受到侵害，需要进行诉讼，向司法机关提出控告、申诉时，那么就需要其监护人（法定代理人）来代办。如果没有监护人或者监护人也没有能力来担任法定代理人，应该怎么办呢？这时候，我们可以申请法律援助或者司法救助。

比如，一位十岁的小男孩生病被医院漏诊，结果造成病情恶化严重，最后造成身体伤害。而他的父亲又身患重病，家庭困难。这时候他申请了法律援助，法律援助机构就指派了专门的律师为其代理，最终诉讼成功，获得了赔偿。

《未成年人保护法》第一百零四条规定："对需要法律援助或者司法救助的未成年人，法律援助机构或者公安机关、人民检察院、人民法院和司法行政部门应当给予帮助，依法为其提供法律援助或者司法救助。

法律援助机构应当指派熟悉未成年人身心特点的律师为未成年人提供法律援助服务。

法律援助机构和律师协会应当对办理未成年人法律援助案件的律师进行指导和培训。"

申请人一般可以到市法律援助中心或各区县法律援助机构直接申请援助，也可以通过网上填报法律援助申请表申请援助。

除此之外，涉及未成年人的整个诉讼活动，都会受到人民检察院的依法监督，确保公平、公正。

《未成年人保护法》第一百零五条规定："人民检察院通过行使检察权，对涉及未成年人的诉讼活动等依法进行监督。"

如果未成年人的合法权益受到侵犯，其法定代理人没有能力提起诉讼，也没有申请法律援助，人民检察院可以有权提起诉讼。

《中华人民共和国未成年人保护法》知识

　　《未成年人保护法》第一百零六条规定："未成年人合法权益受到侵犯，相关组织和个人未代为提起诉讼的，人民检察院可以督促、支持其提起诉讼；涉及公共利益的，人民检察院有权提起公益诉讼。"

想一想
说一说

　　你知道法律援助吗？

　　如果你的合法权益受到侵害，你会选择通过诉讼来维护自己的合法权益吗？

第八章
未履行未成年人保护职责
应负的法律责任

民法典

**本章
简介**

　　《未成年人保护法》保护的是未成年人，但面对的对象是整个社会，从家庭到学校，从行政机关到司法机关。在面对未成年人时，全社会都应该切实履行法律所规定的责任和义务。未成年人也应该学会依据法律捍卫自身的权益，当自身权益受到侵害时，我们应该拿起法律武器，大胆地追究不履行法律规定的单位和个人的责任。《未成年人保护法》对于未履行保护未成年人的责任有明确的规定，一旦违反，法律将祭起惩罚的大棒。因此未成年人要了解这些规定，要知道如何去追究他人的责任，可以追究他人怎样的责任。

第一节　监护人未履行职责应负的法律责任

《未成年人保护法》第十五条规定："未成年人的父母或者其他监护人应当学习家庭教育知识，接受家庭教育指导，创造良好、和睦、文明的家庭环境。

共同生活的其他成年家庭成员应当协助未成年人的父母或者其他监护人抚养、教育和保护未成年人。"

知识小课堂

家庭本是孩子的避风港，家长对孩子的教养和呵护本是应尽的责任。但是在现实生活中，有些家长却无视法律和道德，成为伤害孩子的元凶。

小新是一名四年级的学生，不像别的孩子每天放学都高高兴兴地回家，他每天放学总是拖着沉重的步子，一点点地迈回家。

因为，小新回到家就要面对不想面对的人——小新的妈妈。

从有记忆开始，小新家中就常常伴随着父母的争吵声，甚至有的时候，两个人还会大打出手。后来，小新的爸爸回来得越来越晚，妈妈的脾气也变得越来越暴躁。她将这种暴躁全都发泄在小新身上，小新放学回来晚一点，刚开始是被批评，被推搡，后来妈妈随手拿起什么东西就打。小新的作业写得慢了，也会被妈妈情绪激动地指着鼻子骂。所以，小新每天放学回家都无精打采。

这天，小新和同学一起去小超市玩了一会儿游戏机，结果回到家被怒不可遏的妈妈用笤帚追着打，被打的地方全肿了起来。

小新第二天上学后，身体的异常被老师发现。老师询问后，才知道小新长期受到妈妈的虐待和家暴，于是老师直接联系了小新所在小区的居委会并报了警。

居委会和警察对小新的妈妈进行了谈话和训

诚，并安排专人对她进行家庭教育指导。居委会也开始重点关注小新家，他们告诉小新，如果他妈妈一旦再有什么过激行为，可以直接报告给居委会。

小新的遭遇是典型的家庭暴力。

家庭暴力不同于日常的教导，会给未成年人身心带来巨大的伤害。严重的家庭暴力就是犯罪，实施家庭暴力的父母或者监护人是要负法律责任的。

《未成年人保护法》第十七条也明确规定了，未成年人的父母或者其他监护人不得对未成年人实施家庭暴力。

除了家庭暴力，如果父母或者监护人有以下行为，同样也是侵害未成年人的权益。比如，父母教唆未成年子女去偷拿他人物品；放任孩子抽烟喝酒；逼迫孩子辍学；迫使孩子去打工；迫使未成年人订婚、结婚等。

为了保障未成年人的权益，对于侵害未成年人权益的父母或者监护人，《未成年人保护法》明确了其应负的法律责任。

《未成年人保护法》第一百一十八条规定："未成年

人的父母或者其他监护人不依法履行监护职责或者侵犯未成年人合法权益的，由其居住地的居民委员会、村民委员会予以劝诫、制止；情节严重的，居民委员会、村民委员会应当及时向公安机关报告。

公安机关接到报告或者公安机关、人民检察院、人民法院在办理案件过程中发现未成年人的父母或者其他监护人存在上述情形的，应当予以训诫，并可以责令其接受家庭教育指导。"

这就告诉我们，父母或其他监护人也无权伤害我们，我们的背后有法律、国家做后盾。如果我们的权益遭到来自父母、监护人的侵害，内心必然十分痛苦和悲伤，因为这是我们最亲近的人。但是，请不要害怕和失望，我们不是孤立无援，我们可以向相关部门求助，它们会帮助我们主持公道，还我们一片晴朗的天空。

想一想 说一说

如果遇到父母侵犯你权益的事情，你会选择怎么办？

第二节　学校未履行职责应负的法律责任

《未成年人保护法》第二十七条规定："学校、幼儿园的教职员工应当尊重未成年人人格尊严，不得对未成年人实施体罚、变相体罚或者其他侮辱人格尊严的行为。"

知识小课堂

幼儿园、学校，本是我们学习和成长的乐园，但是发生在校园的体罚和变相体罚的行为却为这片净土蒙上一层阴霾。

小莉是一个活泼可爱的小姑娘，但是在上了小学之后，她脸上的笑容却没有以前多了。主要是因为小莉不适应学校的许多规定，无心之下违反规定，遭到了老师的体罚，令她觉得自尊心备受打击。

193

　　老师规定，上课的时候，必须先举手再回答问题。一次，小莉在老师提问后，忘了举手，直接脱口而出，结果遭到老师的批评，而且当场被老师罚用自己的手捏脸，还必须使劲捏。小莉把脸捏得两边都红了，老师才让停手。老师还问她，这回记住了吗？她点点头，眼睛里泛起了泪花。

　　那天小莉因为心情不好，到放学老师收作业的时候，小莉还没有做完。老师说，可以回家做，不过小莉今天要留下打扫卫生。老师还对全班同学说，如果谁作业没做完，以后都要留下来做卫生。

　　小莉又硬着头皮做了值日。等回家摊开作业本，她怎么也不想写作业。但是如果不写，又会被罚，想到明天上课可能又会犯错误，被老师批评或体罚，小莉又害怕又烦躁。

　　体罚是指用罚站、罚跪、打手心等方式来惩罚学生的行为。变相体罚也是一种体罚，包括罚抄作业、罚钱、罚做值日、对学生讽刺挖苦等行为。

上面案例中小莉被老师惩罚自己捏自己的脸、罚做值日都属于变相体罚。

不论是体罚，还是变相体罚，都是一种伤害学生身体或心理健康，侮辱其人格尊严的行为。

首先，被体罚或者变相体罚的学生往往是在大庭广众之下，被老师当面惩罚，这种做法极其伤害孩子的自尊心。有的孩子可能会变得内心敏感、焦虑，对上课、做作业或者老师产生畏惧；有的孩子可能会变得反感、叛逆，性格暴躁，放弃学习。

其次，体罚或者变相体罚根本起不到纠正学生行为的作用，或者只能起到让学生学会逃避体罚的作用。

体罚学生的老师，名义上是为了维持课堂纪律，或者为了纠正学生的行为，但是采取这种简单粗暴的方式，实际却是缺乏耐心的表现。长远来看，对学生的伤害是重大而深远的。所以，体罚或者变相体罚等行为是法律明确禁止的。

如果我们遭遇到了体罚或者变相体罚，应该怎么办？

我们应该先告知家长。一方面是因为遭遇体罚会让我们内心产生许多负面情绪，我们需要有人倾听和开导；另一方面，家长具有明辨是非的能力，有和老师、学校交涉的权利，可以帮助我们维护权益。

我们还可以用法律来维护自己的合法权益。

《未成年人保护法》第一百一十九条规定："学校、幼儿园、婴幼儿照护服务等机构及其教职员工违反本法第二十七条、第二十八条、第三十九条规定的，由公安、教育、卫生健康、市场监督管理等部门按照职责分工责令改正；拒不改正或者情节严重的，对直接负责的主管人员和其他直接责任人员依法给予处分。"

如果老师做出体罚学生的错误行为，那么我们可以依据法律向有关部门反映。

学习是我们这一阶段的主要任务，我们需要拥有一颗充满好奇和求知欲的心灵与一个和谐、轻松的学习环境。但是，一个实施体罚或变相体罚的老师有可能会毁掉这一切。所以，如果你在学校遭遇到体罚或者变相体罚，一定要勇敢地讲出来，保障自己的权益，捍卫自己的身心健康，这是我们应有的权利。

想一想
说一说

在你们学校存在体罚或者变相体罚的行为吗？

如果遇到这种情况，你应该怎么做呢？

第三节 社会未履行职责应负的法律责任

《未成年人保护法》第四十四条规定："爱国主义教育基地、图书馆、青少年宫、儿童活动中心、儿童之家应当对未成年人免费开放；博物馆、纪念馆、科技馆、展览馆、美术馆、文化馆、社区公益性互联网上网服务场所以及影剧院、体育场馆、动物园、植物园、公园等场所，应当按照有关规定对未成年人免费或者优惠开放。"

知识小课堂

小亮虽然才上小学三年级，可是个头却长得非常高，都已经赶上六年级的那些大哥哥们了。小亮的亲戚、邻居每次都夸赞他长得真高。因为个头高，身体素质好，小亮还是他们班的体育委员。

不过小亮也有烦恼，因为身高，他常常要受

到"另眼相待"。比如，出门坐车，和他同龄的小伙伴只需要买半票，而他则因为身高超过了1.5米，被要求买全票；去电影院看电影也一样，本来一名家长可以免费带一名儿童，小亮又是因为身高，还要买一张全价票；周末去科技馆参观，门口的工作人员非要小亮的父母出示小亮的身份证明，证明他未满16周岁才能给他半价优惠；还有去动物园、美术馆……

身高为小亮带来了优势，但是也给他带来了烦恼。小亮自己也有些疑惑：仅仅是因为身高，他就被当作了成年人对待，这样是不是不妥？

这样的确是不妥的。就以乘坐公共交通工具来说，《未成年人保护法》中有明确的规定。第四十五条规定："城市公共交通以及公路、铁路、水路、航空客运等应当按照有关规定对未成年人实施免费或者优惠票价。"

这里实施免费或者优惠的判定条件是"对方是未成年人"，而不是身高。《民法典》规定，不满十八周岁的自然人是未成年人。因此只要是未满十八周岁的未成年人，在乘坐公共交通工具时都应该实行免费或者优惠票价。

不仅如此，爱国主义教育基地、图书馆、青少年宫、儿童活动中心、儿童之家全部都应当对未成年人免费开放；博物馆、纪念馆、科技馆、展览馆、美术馆、文化馆，以及影剧院、体育场馆、动物园、植物园、公园等场所，也应该对未成年人免费或者优惠开放。

所以，案例中小亮遇到的按照身高而不是年龄来收费的情况，这些个人或者单位的做法是不妥的。

假如我们在生活中遇到和小亮一样的问题，应该如何处理呢？

首先，我们可以去办理一张身份证。到当地的公安机关，提交相应的资料就可以申请领取第二代身份证，未成年人也可以拥有证明自己年龄身份的证件。

其次，如果遇到本应对未成年人实施优惠，但是却没有按照规定操作的情况，那么我们可以将情况反映给相关管理部门。

《未成年人保护法》第一百二十条规定："违反本法第四十四条、第四十五条、第四十七条规定，未给予未成年人免费或者优惠待遇的，由市场监督管理、文化和旅游、交通运输等部门按照职责分工责令限期改正，给予警告；拒不改正的，处一万元以上十万元以下罚款。"

如果违反了给未成年人的优惠，那么相关单位是要受到处罚的。这就使得对未成年人的保护不再是一句空话，而是切实可行的，也让人们真正重视未成年人的权益。

除了让未成年人享受优惠，国家和社会对未成年人的关爱和保护还体现在日常生活中的许多方面。比如，保护未成年人免受负面信息（比如淫秽色情、赌博、迷信、邪教等）的侵扰，一旦发现有人制作、传播等这类信息，就会受到法律的严惩；如果有在学校或者未成年人集中活动的场所抽烟、喝酒的，那么会受到警告、罚款的处罚；如果宾馆的服务人员在接待未成年人时未进行身份核实，那么将会被警告、责令改正，如果情节严重，可能会被吊销执照和面临高额罚款。

以上这些也都在《未成年人保护法》中作了相关规定，如果有人或单位违反了这些规定，那么他们必将承担相应的法律责任。

《中华人民共和国未成年人保护法》知识

你出门坐车、出去参观、旅游的时候，有没有享受
过未成年人应有的优惠呢？

| 第四节 | **网络提供者未履行职责应负的法律责任** |

《未成年人保护法》第七十六条规定："网络直播服务提供者不得为未满十六周岁的未成年人提供网络直播发布者账号注册服务；为年满十六周岁的未成年人提供网络直播发布者账号注册服务时，应当对其身份信息进行认证，并征得其父母或者其他监护人同意。"

知识小课堂

小羽是一名初二的学生，一向喜欢新鲜事物，她在暑期的时候迷上了直播。

小羽平常喜欢汉服，每次有时间她就会穿上经过精心挑选的襦裙，系上漂亮的丝带，再挽一个古典精致的发髻，感觉自己仙气飘飘的。

小羽看直播也是以看汉服的直播为主。一次，她看到自己关注的一个主播发招募令，招募喜欢汉服、喜欢中国传统文化的才女，每天在固定时间穿上汉服展示，并按照他们的提示说台词或唱歌就行。

小羽觉得这既能展现自己的爱好又能赚些零花钱，操作还简单，何乐而不为呢？于是她便联系了该主播，表示自己想要加入。没想到对方只让小羽开视频展示了一下，就和小羽签了一个电子协议。小羽觉得真是太顺利了。

小羽加入直播的队伍，浑身都是干劲，每天脑子里想的就是上播、穿什么衣服、如何搭配。她写作业的时候，精力也不集中，随便写写。但是，她的直播却仿佛没什么起色，没什么人观看。

小羽正发愁的时候，那个主播对小羽说，要想有人观看就听她的。然后，她就告诉小羽要把衣服的领口拉低一点，衣服买那种薄一点的……小羽觉得不妥，想要退出，但是对方却拿出协议说，小羽如果退出，就要赔付违约金，这可让小羽犯了难。

网络直播是一种新兴的社交方式，因为直播的内容多种多样，可以实时观看互动，因此受到许多人的追捧和喜爱。但是，这种新兴的社交方式背后也隐藏着许多问题，尤其对于未成年人来说，直播中可能就隐藏着危险和陷阱。

首先，一些直播中宣扬的价值观可能会对未成年人形成负面影响。有的直播宣扬物质至上，有的直播打色情擦边球，有的直播引诱消费……未成年人因为心思单纯，社会经验不足，很可能因此受到一些不良价值观的诱导。

其次，直播可能会占用未成年人过多的精力，浪费时间和金钱。不论是观看直播，还是直接参与直播，都需要占用日常时间和精力。这必然会影响到我们正常的学习和生活，甚至有学生因此想要放弃学业，辍学去直播，这是非常不值得提倡的。还有一些未成年人受到主播的诱导，直接给对方"打赏""刷礼物"，甚至给家庭造成严重的经济损失。这些都不得不令我们深刻思考直播可能带来的负面影响。

所以，面对这样具有争议性的直播，针对未成年人的心智特点，出于保护未成年人的目的，国家在《未成年人保护法》中规定了相应的法律责任。

　　《未成年人保护法》第一百二十七条规定："信息处理者违反本法第七十二条规定，或者网络产品和服务提供者违反本法第七十三条、第七十四条、第七十五条、第七十六条、第七十七条、第八十条规定的，由公安、网信、电信、新闻出版、广播电视、文化和旅游等有关部门按照职责分工责令改正，给予警告，没收违法所得，违法所得一百万元以上的，并处违法所得一倍以上十倍以下罚款，没有违法所得或者违法所得不足一百万元的，并处十万元以上一百万元以下罚款，对直接负责的主管人员和其他责任人员处一万元以上十万元以下罚款；拒不改正或者情节严重的，并可以责令暂停相关业务、停业整顿、关闭网站、吊销营业执照或者吊销相关许可证。"

　　案例中小羽遇到的事情，网络直播的提供者非常明确地违反了《未成年人保护法》第七十六条规定。因此小羽完全可以告知父母，和父母一起向相关部门举报，让网络直播提供者受到应有的处罚。

　　而且这条规定不只是针对网络直播这一现象，不只是针对为未成年人提供网络直播的服务者，还包括网络游戏、网络社交、网络音频、视频服务者等，这些服务者都要遵守《未成年人保护法》中相应条款的规定。假如违反规定，就会依法受到应有的惩处。

想一想 说一说

你看过网络直播吗？

你喜欢哪一类直播，想要参与其中吗？

第五节　政府和司法机关未履行职责应负的法律责任

　　《未成年人保护法》第一百一十条规定："公安机关、人民检察院、人民法院讯问未成年犯罪嫌疑人、被告人，询问未成年被害人、证人，应当依法通知其法定代理人或者其成年亲属、所在学校的代表等合适成年人到场，并采取适当方式，在适当场所进行，保障未成年人的名誉权、隐私权和其他合法权益。

　　人民法院开庭审理涉及未成年人案件，未成年被害人、证人一般不出庭作证；必须出庭的，应当采取保护其隐私的技术手段和心理干预等保护措施。"

知识小课堂

　　小 A 是一名小学生，独自在家的时候遭受了邻居的猥亵。小 A 的父母知道以后，立即报了警。警察很快到来，对小A进行了基本情况的询问。

随后，猥亵小A的人被告上了法庭。在经历了立案、提交证据等流程后，终于等到了开庭。

小A的父母带着小A出庭，在法庭上，小A讲述了自己被猥亵的经过。虽然已经过去一段时间，但是小A讲述被猥亵的经过时依旧显得很痛苦。小A的父母不忍女儿再承受这样当面向别人讲述被猥亵过程的痛苦，对于法院让小A出庭的事提出异议：是不是非得小A出庭？之前公安机关已经有过一次询问，也有了证据，是不是不需要小A再一次回忆和讲述这个过程？

后来，小A的父母将此事反映到了法院的监察部门。监察部门回复说，法院相关工作人员的处理方式确实不妥。在处理未成年人受到侵害的案件时，的确应当尽量避免未成年受害人出庭。对于此次发生的事，会依照规定进行整改，并对相关人员进行处分，同时对给小A和其父母造成的伤害表示深深的歉意。

国家机关可以行使国家的权力，假如国家机关的工作人员出了错，那么应该由谁来监督、管理呢？在我们国家，每个公民都具有监督权。

《宪法》第四十一条规定："中华人民共和国公民对于任何国家机关和国家工作人员，有提出批评和建议的权利；对于任何国家机关和国家工作人员的违法失职行为，有向有关国家机关提出申诉、控告或者检举的权利……对于公民的申诉、控告或者检举，有关国家机关必须查清事实，负责处理……"

那么如果发现有国家工作人员失职违法，应该向什么机关报告？

我们国家设立的监察机关是专门负责监察职能的，对所有行使公共权力的公职人员进行监察。

国家工作人员有哪些行为是错误的，需要依法受到处分的呢？

以《未成年人保护法》为例，《未成年人保护法》第一百二十八条规定："国家机关工作人员玩忽职守、滥用职权、徇私舞弊，损害未成年人合法权益的，依法给予处分。"

也就是说，国家工作人员如果有以上行为，那么就是触犯了法律，是需要依法给予处分的。

在上面案例中，法院在办理涉及儿童性侵害案件时，没有遵照《未成年人保护法》中的相关规定保护小A的隐私，因此工作存在过失，小A的父母可以依法向监察机关提出异议。

想一想
说一说

你知道《未成年人保护法》中规定的，政府和司法机关在保护未成年人方面有哪些应尽职责？